Lazos infinitos

Lazos infinitos

© del texto: Anteia Shinerose
© diseño y corrección: Equipo BABIDI–BÚ

© de esta edición:
Editorial BABIDI-BÚ, 2024
Avda. San Francisco Javier, 9, 6ª, 23
Edificio Sevilla 2
41018 - SEVILLA
Tlfn: 912.665.684
info@babidibulibros.com
www.babidibulibros.com

Impreso en España
Primera edición: noviembre, 2024

ISBN: 978-84-10412-70-5
Depósito Legal: SE 2308-2024

Lazos infinitos

ANTEIA SHINEROSE

Índice

I. El fénix y el ópalo de fuego 9

II. Segunda revelación: la dinastía sadair 25

III. Airis 33

IV. Reunión familiar 51

V. Irine 63

VI. El lago infinito y el colgante sagrado 73

VII. El amor de Berai 83

VIII. El amor de Zoren 107

IX. El pasado de selia 127

X. Tercera prueba: el lago infinito 143

XI. Tercera revelación: el despertar de Nieliah . 157

XII. Campanas de boda 167

XIII. Nuevas alianzas 183

XIV. Sacrificio en hidiex 193

XV. El pasado de lirea 199

I
El fénix y el ópalo de fuego

Tras reunirse con sus compañeros, Nieliah se dirigió a un portal que había en una esquina de la estancia y lo atravesó seguida del resto.

Una luz cegadora los envolvió, obligándoles a cerrar los ojos y cuando por fin pudieron abrirlos, se encontraban en el corazón del bosque del Este.

Los ojos de Nieliah se llenaron de lágrimas y una profunda nostalgia se apoderó de su corazón. Notó una mano en su hombro y se giró para encontrarse con Selia, quien trataba de darle fuerzas.

De pronto, el curso del tiempo cambió bruscamente, pasando a cámara rápida ante sus ojos como resultado de algún tipo de hechizo o ritual para restaurar al bosque y sus alrededores. En lo que para Nieliah y su grupo fue un parpadeo, había pasado una década entera. Ahora la princesa tenía veintisiete años, Selia cuarenta y dos, Choa veintiocho, Re-

yah treinta, Saryah veinticuatro, Saelia once, Mikel diez y medio y Enyd diez.

Todo el grupo se quedó sorprendido por el repentino cambio de edad, el cual descubrieron gracias a que miraron su reflejo en el manantial sagrado donde años atrás había tenido lugar la Bendición Astral.

—Tenemos que dirigirnos a Elynd cuanto antes. No podemos quedarnos aquí —dijo Selia poniéndose serio.

—Tienes razón. ¿Conoces alguna ruta segura para llegar?

—En efecto, seguidme.

Choa no tuvo tiempo de asimilar el desastre que se hallaba frente a sus ojos, pues fue ligeramente empujada por Nieliah, quien siguiendo las instrucciones de Selia, reunía al grupo para reemprender la marcha. Confundida, Choa tomó la mano de la princesa y se dejó guiar mientras trataba de asimilar lo que acababa de ver. Nieliah le narró con profunda tristeza lo ocurrido en aquel lugar mientras Selia trazaba la ruta. Tras escuchar atentamente, Choa solo pudo abrazar impulsivamente a la princesa, tratando desesperadamente de darle fuerzas mientras sentía que se derrumbaba.

Nieliah acarició con ternura el corto cabello castaño de su compañera mientras observaba cómo Reyah y Saryah, quienes llevaban a los niños en bra-

zos, seguían de cerca de Selia y le preguntaban acerca del mundo de los elfos.

Ambas siguieron a sus compañeros aún cogidas de la mano y prestaron especial atención a sus alrededores en cuanto salieron del bosque, tratando de recordar la ruta.

Choa aún estaba inmersa en sus emociones, pero permanecía alerta y prestaba atención a sus compañeros, quienes debatían animadamente entre ellos sobre el posible paradero del elfo.

Tras varios días de viaje, llegaron por fin a la frontera con Elynd. Era noche cerrada, por lo que optaron por descansar en los árboles y adentrarse en el mundo de los elfos al amanecer.

Nieliah fue la primera en despertar, abrió los ojos poco antes de que los primeros rayos de sol asomaran por el horizonte y decidió sobrevolar la zona en busca de bayas para desayunar. Sin embargo, no encontró nada y volvió cabizbaja junto a sus compañeros, quienes ya empezaban a despertarse. Le enterneció observar cómo Reyah y Choa sostenían aún dormidas a sus hijos en brazos, la escena le resultó tan maternal que incluso despertó en ella cierta sensación de celos, pero la desechó rápidamente y se acercó en sigilo a ellas hasta posarse en medio de las dos y se acurrucó en silencio.

Media hora después, el grupo partiría hacia Elynd y pasaría varios días explorando sus hermosos paisajes y alojándose en pequeñas y acogedoras posadas, donde conseguiría valiosa información acerca del paradero del elfo.

En la última posada les recomendaron llevar ropa de abrigo y un tarro de miel, pues las noches en Elynd eran frías y necesitarían la miel para ganarse la confianza de varios elfos.

Por ello, decidieron viajar a un pueblecito cercano, donde se rumoreaba que vendían la mejor miel de todo Elynd y de paso, adquirieron nuevas prendas para hacer frente al frío.

Siguiendo las indicaciones del posadero, se adentraron en el bosque Nylden y tras llegar al corazón de este siguiendo un mapa prestado, encontraron una acogedora casita de madera que tenía hiedra por las paredes y estaba rodeada de flores multicolor.

Nieliah llamó suavemente a la puerta de la cabaña y se quedó esperando en silencio, con sus compañeros detrás de ella. Pocos minutos después, les abrió un elfo de rasgos infantiles y delicados. Su rostro presentaba frente pequeña, grandes ojos almendrados color violeta, nariz pequeña y labios carnosos. Su largo cabello era blanco como la nieve y bailaba suavemente con la brisa. Vestía

un jersey grueso azul marino sobre el que llevaba una cazadora de cuero negro forrada con cachemira, unos pantalones gruesos negros y unos botines marrón oscuro.

Observó a los recién llegados atentamente, prestando especial atención a la joven que tenía delante, dedicándole una sonrisa amable. Acto seguido, salió de la cabaña cerrando la puerta tras de sí y se puso enfrente de la princesa.

—Sed bienvenidos. ¿En qué puedo ayudaros?

—Buenos días, me llamo Nieliah. La guardiana de la cueva iridiscente me dijo que usted quizá podría ayudarme a encontrar las respuestas que necesito. ¿Su nombre es Tarian, verdad?

—En efecto. Vos debéis ser la princesa de la que todo el mundo habla. ¿Me mostráis el colgante, por favor?

—Desde luego —dijo Nieliah sacando el colgante del interior de su jersey para mostrárselo.

—Sin duda sois la elegida. Estaré encantado de ayudaros. ¿Os apetece una taza de té y unas galletas caseras?

—¡Suena delicioso, muchas gracias!

—Pasen y pónganse cómodos, por favor. El té estará listo en unos minutos.

—Muchas gracias.

El grupo entró en silencio en la acogedora casita de Tarian y se sentaron en torno a la chimenea encendida, mientras esperaban pacientemente el aperitivo.

Tarian se marchó a la cocina en cuanto comprobó que sus invitados estaban cómodos y empezó a preparar un té de hibisco.

Diez minutos después, salió con una bandeja de plata llena de tazas, una tetera y un plato de galletas y se acercó a ellos, ofreciéndoles una taza a cada uno e invitándoles a coger galletas.

El grupo se sirvió y todos disfrutaron del aperitivo mientras charlaban animadamente entre ellos. Tarian los observaba en silencio desde una esquina, complacido de que estuvieran disfrutando tanto de sus galletas caseras.

Cuando terminaron, Nieliah depositó las tazas vacías en la bandeja y la dejó en el fregadero de la cocina para después dirigirse al lado de Tarian, quien ahora se hallaba sumergido en la lectura de un tomo muy antiguo y se sentó junto a él. En cuanto el elfo notó su presencia, apartó el libro a una mesita auxiliar y la miró con interés.

—Perdone, no quería interrumpir su lectura. Solo quería hacerle compañía —dijo Nieliah entristecida.

—Puedes tratarme de tú —le dijo él en voz baja, con cierto tono seductor.

La piel de Nieliah se erizó al escucharlo y asintió casi por acto reflejo. Había algo en él que la hechizaba y la llenaba de paz. Instintivamente, la princesa se acercó un poco más a él y apartó un mechón de su rostro, rozándolo accidentalmente con la yema de sus dedos. El elfo sonrió y le acarició la mano.

—¿Sobre qué era el libro que estabas leyendo? —preguntó ella, quien se había quedado hipnotizada con los ojos malva de su anfitrión.

—Trata de leyendas antiguas que transcurrieron en Elynd, puede que en él halles las respuestas que buscas.

—¿Sabías que vendríamos? —preguntó Nieliah sorprendida.

—Tenía una corazonada, sí. Aunque no sabía qué aspecto tendríais. Vienes en busca de tu padre y Airis, ¿cierto?

—Sí.

—Entonces este libro te ayudará, al menos en parte. Puedes quedártelo.

—Gracias. ¿Puedo leer un poco ahora?

—Desde luego.

Tarian le alcanzó el libro y Nieliah lo examinó cuidadosamente. Se detuvo a leer el índice y decidió leer un capítulo llamado «El príncipe oculto».

Decía así:

En la primavera del año 789, nació un príncipe en la familia real de Elynd. De la unión de la princesa Rinae y el joven y prometedor guerrero Seniel surgió un nuevo heredero que pasaría su niñez encerrada en una torre, condenado a la soledad absoluta para ser protegido de las malévolas garras de una guerrera sin igual que destruía todo cuanto hallaba a su paso. Mas en su adolescencia, el joven príncipe escapó de su prisión usando un conjuro prohibido y se perdió su rastro. La familia real llora su desaparición y esperan con ansias que algún día regrese para ocupar el puesto que su madre dejó vacío tras una cruenta guerra.

—¿Las leyendas que hay aquí son ciertas?

—Sí. Te aconsejo que no des el libro a nadie ni hables con nadie acerca de esas leyendas. Podrías estar en peligro si lo haces. No quiero que te pase nada.

—¿Por qué lo dices?

—Me han hablado mucho y muy bien de ti y quiero protegerte. Siempre me tendrás para lo que necesites.

—Gracias. —La princesa le dedicó una dulce sonrisa que el elfo le devolvió.

—Espera aquí. Me gustaría darte algo.

—Está bien.

Tarian se levantó de la butaca y fue hasta una estantería que había al lado de la chimenea y cogió algo del interior de un cofrecito de madera para llevárselo a Nieliah. Cuando la princesa lo tuvo entre manos, vio que se trataba de una pulsera con pequeños cristales de colores en forma de luna.

—Llévala siempre puesta, te protegerá de todo lo que pueda lastimarte tanto del entorno como de personas.

—¿Cómo sabré cuándo está activa?

—En el momento que roce tu piel se activará y permanecerá activa, aunque te la quites. Solo te protegerá a ti. También sirve para comunicarte conmigo, simplemente acaricia una de las lunas y háblame, oirás mi voz en tu cabeza respondiéndote. ¿Quieres probar?

—Está bien.

Nieliah se puso la joya y un tenue resplandor blanco emanó de la misma, luego Tarian se alejó de su campo de visión y ella, acariciando una de las lunas, dijo:

—Gracias por el regalo, ¿dónde debemos ir ahora?

La voz de Tarian resonó dentro de su cabeza diciendo: «Phyrae. Busca al fénix, pero ten cuidado con él. Alguien con un tatuaje de una estrella de nueve puntas con una llama en su interior os permitirá acceder al mundo de los demonios. Buena suerte, estaré contigo en todo momento».

Luego Tarian volvió junto a ella y el grupo se reunió para marcharse, agradeciéndole al elfo su hospitalidad y ayuda. Tarian los vio marchar con una sensación de tristeza, pero estaba tranquilo sabiendo que podía comunicarse con Nieliah.

Tras una semana de viaje, el grupo llegó por fin a Phyrae. Allí Nieliah descubrió que Selia tenía el tatuaje de acceso en la parte superior derecha de la espalda.

Tras reunirse con Zel y sus amigos, quienes les recibieron con un cálido abrazo, fueron juntos en busca del fénix.

Tras tres días de búsqueda intensiva por todo Phyrae, lo encontraron en el lugar que menos esperaban: la sede de Kader. Al verlo, Nieliah se quedó helada:

—No puede ser... ¿Zoren?

—Hola, alteza. ¡Cuánto tiempo sin veros! —dijo el joven fénix. Le había crecido el pelo hasta media espalda, sus rasgos se habían endurecido levemente y su ojo derecho presentaba una gran cicatriz que le llegaba hasta la mejilla; había cambiado sus ropas negras y marrones por una larga túnica roja con capucha.

—¿Lo conocéis, princesa Nieliah? —preguntó Reyah en un susurro mientras la rodeaba con los brazos en un gesto protector.

—Efectivamente

—¿Y de qué conocéis a este energúmeno si puede saberse? —preguntó Selia mientras le lanzaba una mirada fulminante a Zoren, quien le respondió con una sonrisa maliciosa.

—Éramos amigos de pequeños —respondió la princesa con la voz colmada por la tristeza.

—Los mejores —coincidió Zoren—. De no ser por esa maldita Bendición Astral, aún seguiríamos siéndolo. Pero claro, teníais que arrebatármela.

—¿De qué está hablando? —le preguntó Saryah a Reyah.

—Ni idea, pero esto no me gusta nada.

Nieliah notó que sus compañeros estaban tensos y trató de tranquilizarlos, luego avanzó hacia Zoren y le dijo en voz baja:

—Para mí aún sigues siendo mi mejor amigo. Tengo que pedirte un favor: Necesito información sobre mi padre. Se llama Seniel, me han dicho que está en alguna parte de Elynd, pero que, para encontrarlo, debo encontrar primero la cueva ardiente y extraer de ella un ópalo de fuego para activar un libro que contiene información acerca de él. ¿Me ayudarías? Por favor, es muy importante para mí. Haré lo que me pidas a cambio.

—¿Cualquier cosa?

—Sí.

—Muy bien. Dame un beso en los labios y un hijo y te mostraré todo lo que sé de él. Tus amigos ángeles tendrán que superar una serie de pruebas si también quieren tener acceso a la información.

Nieliah rio a carcajadas ante la petición indecente del fénix, aunque accedió con algo de reticencia a cumplir las condiciones impuestas.

Zoren informó al grupo de que debían superar dos pruebas: una de resistencia y otra contrarreloj. La primera duraría quince minutos y la segunda, diez.

Zel y sus amigos se ofrecieron voluntarios para explicarles las reglas y los objetivos de cada prueba mientras Zoren y Nieliah iban a la sala de archivos del castillo Sadair a buscar un mapa que los llevaría hasta la cueva ardiente.

Antes de partir, Zoren obsequió a la princesa con un top lila sin tirantes y unos pantalones cortos ceñidos de color negro.

Ya en la cueva, Nieliah agradecía en silencio el haberse cambiado de ropa y se limitó a seguir al joven fénix por la intrincada red de pasillos y cruces que conformaban el interior de la cueva.

Era un lugar cálido y poco iluminado, por lo que tuvieron que encender una antorcha a medio camino.

—Dame la mano, a partir de aquí se vuelve más oscuro y estrecho, no quiero que te pierdas —dijo Zoren cuando torcieron a la izquierda en uno de los cruces.

Nieliah obedeció en silencio mientras en su rostro se dibujaba una sonrisa de satisfacción. Se sentía a salvo, justo como con Kader y Selia y de pronto, una nube de preguntas sin respuesta azotó su mente. Apartó toda sospecha sombría de su mente, dispuesta a encontrar respuestas en el momento adecuado.

Instintivamente, entrelazó los dedos con los de Zoren y su corazón se desbocó mientras recordaba cómo se habían conocido:

Era una soleada mañana de otoño, Nieliah tenía cinco años y estaba paseando por el bosque en busca de setas cuando se encontraron con Zoren y sus padres que volvían de recoger trufas con su perro Rufus.

Los niños empezaron a jugar con las hojas caídas y el bosque se llenó de sus risas. Después hablaron sobre sus cosas favoritas y sus sueños mientras Airis hablaba con la madre de Zoren y antes de despedirse, Zoren le regaló a Nieliah una trufa.

A partir de entonces, jugaron juntos todos los días e incluso se quedaban estudiando cuando fueron creciendo.

Zoren siempre la llenaba de atenciones y halagos debido a que la admiraba mucho, pero era demasiado tímido para reconocerlo.

La amistad entre ellos fue creciendo con los años e incluso, los padres de Zoren llegaron a pensar que terminarían juntos.

—¡Nieliah, Nieliah! Ya hemos llegado, espabila, mujer —dijo Zoren zarandeándola suavemente.

La princesa volvió a la realidad ante la insistencia del joven fénix y se percató de que su colgante brillaba y reflejaba la luz en uno de los ópalos de fuego que se hallaba en una cesta a su izquierda.

—¡Vaya, es precioso! Pero ¿qué hace ahí, lo querías para algo?

—No, ese es para ti. Solamente se puede extraer un ópalo de fuego a la semana, si no, esto se derrumbaría.

—¿Por qué?

—Porque esta cueva es muy antigua y las paredes ya no son tan sólidas como antes. Además, las gemas se extraen a mano y luego se les da forma en un taller que hay un poco más abajo.

—Entiendo. Debe de ser muy laborioso. Esta ya está tallada, por lo que veo.

—¿Sabes cómo se denomina esa forma de tallar las gemas?

—Creo que es diamante.

—¡Muy bien! Anda, salgamos de aquí.

—¿Tienes claustrofobia? —Rio Nieliah.

—Sí, y calor también.

Nieliah rio de nuevo y cogió la preciada gema de la cesta antes de darle la mano a Zoren para no perderse en el camino de vuelta.

Cuando por fin estuvieron de vuelta en la sala de archivos del castillo, Nieliah le dio un breve beso en los labios a Zoren y retrocedió unos pasos para estudiar su reacción. Él se estaba tocando levemente los labios, pero enseguida se recompuso y se dirigió hacia el atril donde reposaba un libro más grueso que el de Aerinne, de cubiertas negras, en la portada tenía grabado el símbolo de acceso a Phyrae.

Nieliah se acercó a Zoren y le puso una mano amistosamente en el hombro derecho y oyó un breve suspiro por parte del fénix.

—Olvida lo de antes, ¿vale? Con el beso me conformo. Anda, ve y activa el libro.

Nieliah asintió y se acercó en silencio al atril.

II
Segunda revelación: la dinastía sadair

𝒥ras activar el libro, este se abrió por un capítulo que decía así:

La dinastía Sadair reúne a los mejores guerreros de Phyrae, que se identifican por tener un tatuaje de una llama con dos estrellas de nueve puntas entrelazadas en su interior.

Fue fundada por el rey Nexmon, padre de la princesa Enya. El sistema de reclutamiento fue ideado por el mejor amigo y sucesor de Nexmon, el rey Ahzel, quien junto a su esposa Suzae tuvo tres hijos: Zeris, Genkor y Seniel.

El sistema de reclutamiento consiste en cuatro pruebas prácticas y tres teóricas. Las practicas son: Resistencia, contrarreloj, defensa personal y esgrima; las teóricas, por su parte, consisten en un examen oral sobre la historia de Phyrae y otros dos escritos. Aquellos que saquen la mejor nota en ambas fases, serán seleccionados para formar parte del ejército de Phyrae. También se puede acceder con una carta de recomendación.

Los miembros más destacados son Seniel, Kader, Zel, Electra, Selia y Berai.

-Seniel-

Fue el benjamín del rey Ahzel, único descendiente de la dinastía Hizen. Destacaba por su inteligencia, velocidad y fuerza física.

Creció en la zona sureste de Etraia, rodeado de ángeles, lo que hizo que sintiera simpatía por ellos desde una edad muy temprana.

De adolescente, se fue a vivir a Yiranix con su hermana mayor Zeris y allí conoció a la princesa Enya.

Existía una fuerte rivalidad entre él y Genkor, por lo que siempre estaban discutiendo y tenían una relación muy distante.

A los dieciséis, sus padres lo comprometieron con Rinae, la princesa heredera del reino de los elfos, perteneciente a la familia real de Lumia. Nueve meses después tendrían un hijo que viviría oculto hasta la edad adulta.

Diecinueve años más tarde, tras la muerte de su esposa en una batalla contra Niriax, Seniel fue reclutado por la princesa Enya para luchar contra su hermano en una cruenta batalla que, al terminar, traería consigo un tratado de paz entre los hermanos. En esa batalla, Seniel conoció a una joven y juntos se fueron a reconstruir Etraia.

Tras la súbita desaparición de su compañera, Seniel volvió a Elynd y se instaló en la ciudad de Heredia, 14 kilómetros al este de la capital, Elykax. Allí conoció a una joven hechicera llamada Kithie, con la que se casó dos años después. Tras la boda, la pareja se mudó a la capital para que Kithie pudiese estudiar medicina.

-Kader-

Fue un joven de familia muy humilde que con esfuerzo y mucha constancia llegó a formar parte de la dinastía.

De carácter tranquilo y amable, Kader se ganaba los corazones y la confianza de los suyos con su amabilidad y su sentido del humor.

De adolescente, trabajaba en una herrería, fabricando armas para sus compañeros y con el sueldo, mantenía a sus padres enfermos.

Sus padres murieron cuando cumplió los dieciocho y para sobrellevar el dolor de la pérdida, decidió convertir el castillo Sadair en un centro de adopción junto a varios de sus amigos.

Poco tiempo después, ascendió a sargento y en su escaso tiempo libre, ayudaba a sus compañeros más novatos.

-Zel y Electra-

Estos mellizos entraron en la dinastía gracias a una carta de recomendación por parte de Kader.

Provenientes de una familia acomodada, ambos poseen una agilidad felina.

Fueron educados en el arte de la guerra desde muy pequeños y su habilidad como estrategas es inmejorable. Electra posee una capacidad de análisis superior al resto de sus compañeros y es implacable a la hora de hacer justicia. Zel trabaja en una cantina como cocinero y en sus ratos libres ayuda a cuidar a los pequeños del castillo; Electra, por su parte, se ocupa de la recepción y admisión de los pequeños y en sus ratos de descanso, trabaja en el taller de costura como ayudante.

—Qué raro, alguien ha arrancado cuatro páginas del capítulo —dijo Nieliah terminando de leer.

—A mí no me lo parece, es un libro muy antiguo. ¿Has encontrado lo que buscabas? —Zoren se acercó a ella por la espalda y rodeó su cintura.

—Suponiendo que lo que dice el libro es cierto, tengo una pista, sí. Gracias, Zoren.

—Lo que dice el libro es cierto, puedes estar segura. Yo mismo hablé con Kader y él me lo confirmó.

—¿Conociste a Kader? ¿Cuándo? —Nieliah, sorprendida, se giró de golpe.

—Siete años después de la Bendición Astral, antes de que tú llegaras. Vine aquí buscando respuestas, igual que tú. Pero no encontré nada de lo que buscaba. Bueno, mirándolo por el lado bueno adopté a una niña, una híbrida. Le he puesto Xandrel. Es mitad demonio mitad elfa, ahora tiene catorce años y es preciosa. Si quieres te la presento.

—¡Me encantaría! ¿Y en qué trabajas?

—Ayudo a Zel en la cantina. ¿Y tú? Ya he visto que tienes tres hijos. ¿Son del chico que te acompaña?

—Yo no trabajo, por ahora. Mis compañeros trabajan en mi lugar para que yo pueda estar con los niños. Y no, los niños son todos adoptados, aunque él hace el papel de padre.

—¿Y ahora qué haréis?

—Nos vamos a Elynd a buscar una aguamarina y a buscar a mi padre, por supuesto.

—¿Y la que llevas al cuello no te sirve?

—Pues mira, no lo había pensado. Gracias por la sugerencia, probaremos a ver.

—¿Buscas algo más?

—Sí, me gustaría obtener información de Airis.

—No me digas eso, por favor... ¿no te acuerdas de ella?

—Me temo que no —dijo Nieliah tristemente.

—Maldita sea —murmuró Zoren para sí.

—¿Pasa algo?

—No, para nada. Es solo que aquí no tenemos nada de ella, lo siento.

—No pasa nada. Gracias igualmente.

—De nada, espero que tengas suerte. ¿Vamos? Tus compañeros ya deben de haber terminado y, además, estoy ansioso por que conozcas a Xandrel.

—Está bien, vamos. —Rio la princesa.

Tras intercambiar un beso rápido en la mejilla, Zoren y Nieliah se reunieron con los demás en la cantina.

Todos estaban comiendo y los niños fueron los únicos en reaccionar al ver a Nieliah. Solo entonces, se percató de que sus compañeros estaban heridos y se sentó junto a una abatida Saryah, que le dirigió una mirada de disculpa y siguió comiendo con desgana.

Cuando todos se terminaron la escudilla de sopa, Nieliah les curó las heridas y entonces Choa dijo:

—Solo Selia y yo hemos superado las pruebas, alteza. Reyah y Saryah no podrán acompañarnos a partir de ahora, ese es el trato que hemos hecho con ellos.

—Entiendo. No pasa nada, chicas, lo habéis hecho lo mejor que habéis podido. Quedaros con ellos de momento. Como te gustan los niños, Saryah, podrías ayudar a los tres guardianes de las salas con los niños hasta que volvamos —dijo Nieliah tratando de consolar a su amiga, quien le había dado la mano de forma inconsciente.

—Como ordenéis, alteza. Gracias por ser tan buena y comprensiva.

Después de que el grupo conociera a Xandrel, Zoren y ella se unieron a ellos.

Xandrel era una niña inquieta y curiosa que se encariñaba rápidamente con otros individuos, independientemente de su especie. Tan solo necesitaba ser tratada con afecto.

Tenía el pelo corto negro con flequillo desfilado, tez oliva y rostro pequeño con grandes ojos almendrados negros, facciones afiladas y labios carnosos. Llevaba un vestido rojo y botines.

III
Airis

Tras dejar a Saryah y Reyah en Phyrae, el grupo se dirigió de nuevo a Faerya para recoger a Violet, quien los esperaba en la biblioteca.

—Bienvenidos. ¿Tenemos alguna novedad?

—Así es. Saryah y Reyah se han quedado en Phyrae, debemos reunirnos con ellas en cuanto terminemos con todo esto. Por ahora necesitamos información de Airis y encontrar a mi padre que está en Elykax. De Airis no hemos encontrado nada ni en Etraia, ni en Faerya, ni en Phyrae, por lo que por descarte solo nos quedan Elynd y Yidiar. También es posible que mi padre sepa algo.

—Yo ya he estado en Yidiar. Allí todo son pueblos pequeños, en concreto hay uno llamado Vextus en el que vive una anciana, Linnette. Ella sabe muchas cosas de Airis, al parecer, fue ella quien la crio.

—¡Vaya, maravilloso! Gracias, Violet. ¿Cuándo has ido?

—Partí el mismo día que vosotros. La reina me encomendó hacer unos recados en Siriax, una aldea que está a 45 minutos en carro de Vextus. Así que, como me venía de paso, aproveché el viaje.

A continuación, el grupo se dispersó para ir a hacer el equipaje y Nieliah aprovechó para ponerse un jersey gris, unos vaqueros con una rosa en la parte delantera del muslo derecho y unas zapatillas blancas con brillantina plateada en la parte trasera. Luego aprovechó para poner sus prendas favoritas y la ropa de los niños en la mochila.

Poco después, alguien llamó a su puerta y ella se apresuró a abrir.

—Disculpad la intromisión, princesa, pero he pensado que quizá necesitaríais un poco de ayuda —dijo Choa.

—Adelante, pasa. Me estoy volviendo un poco loca con tanta ropa. ¿Selia también ha ido a hacer el equipaje?

—Sí, ya lo tiene todo listo. Está con vuestro amigo y con Violet en la biblioteca revisando unos mapas de Yidiar para trazar la ruta más rápida y llegar a nuestro destino. Al parecer, ya se ha cambiado.

—Oh, está bien.

Choa terminó de guardar la ropa de la princesa y los niños en la mochila y antes de cerrarla se percató de un libro con las cubiertas verdes y lo sacó para verlo mejor.

—¿Qué sucede, Choa? —dijo la princesa acercándose a ella.

—He encontrado este libro en vuestra mochila. ¿Qué es?

—Vamos a averiguarlo enseguida.

Ambas se sentaron en la cama y ojearon con cuidado el libro. Las primeras 10 páginas estaban en blanco y en las siguientes había un retrato de Lirea con el nombre debajo y al lado, podía leerse Eniel, otro de un retrato de Seniel firmado con el nombre Airis, otro dibujo de cuerpo completo de Seniel junto a Lirea embarazada, otro retrato sin firma de una elfa a la que Reyah y Nieliah conocían demasiado bien, otro retrato de Airis sin firma y otro dibujo de un niño castaño de ojos turquesa también sin firma.

—¡El del último dibujo es Selia de niño, estoy segurísima! —dijo Nieliah aún sin poder creérselo.

—Al menos ya sabemos cómo es vuestro padre.

—Cierto. También hay un portátil, pero ya lo miraremos luego. Vamos a ver si los demás han terminado con su investigación. —Nieliah guardó el cuaderno de dibujo en la mochila, la cerró y se la echó al hombro.

A continuación, ambas despertaron a los pequeños y se dirigieron a la biblioteca.

Allí, Zoren tenía abiertos varios libros de geografía de Yidiar, y Violet y Selia estaban estudiando un mapa y debatiendo las opciones de las que disponían.

—Hola, campeones. ¿Cómo vamos? Descansad un poco, si queréis. —Nieliah se acercó al grupo y observó los libros abiertos con interés. Zoren le dirigió una tierna sonrisa que ella correspondió.

—Pues hemos descubierto que el lago Infinito está en Elykax y que hay que hacer una ofrenda de flores al llegar para poder tener una audiencia con el sabio. En cuanto a lo de Yidiar, la ruta más directa para llegar a Vextus es atravesando Siriax —dijo Violet.

—Está bien. ¿Y cuándo partimos?

—Mañana al amanecer. Nos llevará tres días llegar, así que será mejor que nos preparemos a conciencia antes de salir.

—¿Y la comida? — preguntó Zoren.

—No te preocupes, diablillo. Tengo amigos en Yidiar, varios de ellos regentan tabernas y hay dos que nos pillan de camino.

—Perfecto.

A continuación, Selia guardó uno de los mapas en su mochila y le dio un beso en la frente a Nieliah antes de dirigirse a la cocina para cenar. El resto del grupo lo siguió en un silencio sepulcral. Zoren y Nieliah fueron los últimos en llegar, cogidos de la mano.

El grupo cenó tranquilamente y en silencio, aunque la tensión entre Selia y Zoren podía cortarse con un cuchillo.

Ya después de la cena, todos se fueron a dormir.

—Oye, diablillo, tú puedes dormir en mi cuarto, si quieres.

—Gracias, pero no querría molestar.

—No molestas, tranquilo. Además, tu pequeña es adorable y a mí me encantaría tener compañía, por una vez.

—Bueno, entonces gracias. Aceptamos encantados. Violet, ¿verdad?

—Así es.

Aquella noche, Nieliah y Selia discutieron y la princesa se pasó la noche entera sin poder dormir, llorando y con el corazón roto.

A la mañana siguiente, Nieliah se levantó y Selia ya no estaba. Había dejado una nota que decía:

Espero que tengáis suerte en Yidiar, os he dejado el mapa en la mochila. Os estaré esperando en Elykax.

Selia

La princesa estaba de los nervios y decidió darse una ducha caliente y tomar un té de jazmín para calmarse.

Tras cambiar y darles el desayuno a los niños, se reunió con los demás y juntos partieron hacia Yidiar.

Tras tres días de viaje, el grupo llegó a Vextus sin contratiempos.

Después de almorzar en una de las tabernas de Julie, la mejor amiga de Violet, se dirigieron a la casa de la anciana, que los acogió amablemente.

Nieliah y Choa se sentaron junto a Linnette, quien acababa de encender la chimenea. La anciana las miró afectuosamente y pidió ver de cerca el colgante de la joven princesa, quien accedió encantada.

—Te estaba esperando, mi niña. Sígueme, te mostraré el diario de tu hermana mayor. Ella siempre me hablaba de ti en sus cartas, ¿lo sabías? —dijo la anciana al cabo de un rato, mientras acariciaba con delicadeza el cabello de Nieliah.

—De acuerdo, muchas gracias. Ahora vuelvo, poneros cómodos.

Choa apretó gentilmente la mano de la princesa para infundirle ánimos y Zoren y Xandrel le dedicaron una sonrisa antes de que se alejara siguiendo a la anciana.

La casa era de piedra y constaba de un salón, cocina-comedor, dos dormitorios y un baño.

La anciana se detuvo en uno de los dormitorios e invitó a Nieliah a entrar.

—Aquí dormía Airis —dijo Linnette y luego se acercó a la pequeña estantería de pared que había junto a la ventana y sacó una pequeña libreta turquesa.

La princesa se sentó en la mecedora e inspeccionó la habitación con interés: era una estancia rectangular con una gran ventana de madera; las paredes estaban llenas de dibujos hechos con carboncillo, la cama estaba en una esquina y orientada hacia la puerta. A los pies de esta, estaba la mecedora y apoyada en la pared de enfrente, había una cómoda de seis cajones con una fotografía de Airis junto a Lirea encima.

Linnette le entregó la libreta a Nieliah y ella la abrió con curiosidad; en la primera página había una foto de un elfo joven de cabello castaño y ojos almendrados color verde musgo. Debajo había un poema firmado por alguien llamado Adiel.

El poema decía así:

En lo profundo del bosque mi corazón canta,
con el murmullo del agua bailo las tardes de primavera,

bajo la cascada mi alma te espera,

reúnete conmigo y baila.

En verano, cuando el sol calienta, bajo el roble

me echo la siesta,

trae tu cesta y únete a esta dulce merienda.

En otoño, cuando las hojas caen, voy a buscar setas,

fritas o con arroz y la cena está hecha.

Y en invierno, cuando nieva, voy a por leña al bosque central,

para encender la estufa y en casa poderme quedar.

Vivo al lado del estanque,

y los cisnes son mis acompañantes.

Si quieres visitarme, no te olvides la miel,

porque sin ella triste me quedaré.

En lo profundo del bosque mi corazón canta,

quédate conmigo y cuidaré siempre tu espalda.

En la siguiente página, había una carta a Lirea.
Decía así:

Querida mamá:

Hoy papá ha venido a buscarme y dice que dentro de un mes nos mudaremos a la casa nueva, en el corazón del bosque, junto al lago de los cisnes. Estoy un poco triste, porque tendré que decirle adiós a Linnette; pero, por otra parte, me alegro de poder vivir con papá por fin.

Espero que la guerra no se complique demasiado y que vuelvas a casa sana y salva lo antes posible, te echamos de menos. Sé que eres muy fuerte y que puedes con todo, pero no puedo evitar preocuparme, y parece que papá tampoco. Últimamente, estoy practicando mucho el dibujo y me muero de ganas de enseñarte los que tengo hechos.

Por cierto, Linnette te manda besos y abrazos.

Te queremos.
Airis

El resto del cuaderno relataba su infancia y su juventud en Elynd, así como su mudanza a Croney y cómo encontró y crio a Nieliah. También había dibujos y una fotografía de Airis junto a su padre con un bebé en brazos.

—Me alegra saber que Airis creció con tanto cariño. Adiel era su padre, ¿verdad? —dijo Nieliah con ternura tras terminar de leer.

—Así es, pero él no vive aquí, sino en Elynd, en la capital.

—Entiendo, muchas gracias por dejarme leer su diario.

—No hay de qué. Ella me pidió que te lo enseñara si alguna vez venías por aquí. Puedes quedártelo.

—Muchísimas gracias, de verdad.

—El bebé de la fotografía eres tú, mi niña. Si quieres verla, tendrás que encontrar a su padre.

Pero él odia a los demonios, tenlo en cuenta si vas a buscarlo.

—Ya veo, ¡qué lástima que Zoren no pueda venir! —dijo la princesa apenada.

—Buena suerte, tesoro. Ha sido un placer volver a verte, te has convertido en una mujercita encantadora.

—Muchísimas gracias por la ayuda. Debemos irnos ya, cuídese.

Un mes después el grupo llegó a Elynd y Violet se despidió de ellos.

—Gracias por todo, Violet. Te debo una —dijo la princesa dándole un abrazo.

—¿Vuelves a casa? —preguntó Choa.

—Así es. Os deseo la mejor de las suertes, ha sido un placer conoceros a todos. Nos vemos.

—Cuídate mucho, Violet —dijo Zoren.

—Igualmente, diablillo. Cuida bien de Nieliah, ¿vale?

—Tienes mi palabra.

Poco después, se hizo de noche y el grupo buscó una posada en la que alojarse y tuvieron la suerte de que el posadero conocía a Adiel y Lirea y les dejó la estancia gratis.

Al día siguiente, tras desayunar, le pidieron indicaciones para llegar a la casa del elfo y también preguntaron por Kithie y Seniel. A lo primero, accedió gustoso, pero a lo segundo, respondió que no los conocía.

Tras darle las gracias, el grupo se puso en marcha y recitó en voz alta el poema que había encontrado en el diario de Airis.

Transcurrieron cuatro horas que se les hicieron eternas, llegaron al corazón del bosque y encontraron una pequeña cabaña de madera al lado de un lago lleno de cisnes negros.

—Zoren, tú espéranos aquí fuera. A Adiel no le gustan los demonios y no quiero que haya ningún enfrentamiento.

—Por mí, estupendo. Tampoco quiero pelearme con nadie, a menos que sea estrictamente necesario.

Zoren se sentó a esperar en el banco del porche mientras Nieliah llamaba a la puerta. Pocos minutos después, Adiel abrió la puerta y al ver a Nieliah con Enyd en brazos, sonrió enternecido e invitó a ambas mujeres a pasar, no sin antes, dirigir una curiosa mirada al porche.

—¿Qué hace ese ahí fuera? ¿No es Zoren? —preguntó el elfo, sorprendido.

—Así es, señor —confirmó Nieliah.

Adiel salió de la cabaña y estuvo un rato hablando con Zoren, quien jugaba con Xandrel. Después, los tres entraron de nuevo.

—Bueno, ¿qué se os ofrece?

—Me gustaría ver a mi hermana mayor, por favor.

—Puedo llamarla, pero no sé si se acordará de ti, cariño.

—¿Por qué lo dice? —Nieliah empezaba a preocuparse.

—Cuando cumpliste los diez años, el Consejo Celeste le borró la memoria para que no pudiera seguir cuidándote.

—Ya les vale —se exasperó Choa y luego ella y Zoren abrazaron a Nieliah, quien se hallaba temblando de rabia y con lágrimas en los ojos.

—¡¿Cómo pudieron hacer eso?! ¡No es justo!

—Verás, Nieliah, Airis te encontró abandonada en el bosque del Este y tuvo que llegar a un acuerdo con el Consejo Celeste para poder adoptarte y cuidarte, pero a cambio tenía que volver a dejarte cuando llegara la Bendición Astral y debía borrarte todos los recuerdos que tuvieras con ella antes de irse. Lo que esos malditos no le dijeron fue que ella también los perdería.

—Vaya plan. Pobrecilla —dijo Zoren, indignado.

—Dime una cosa, cariño: ¿cómo es que te acuerdas de ella?

—Al principio no la recordaba, pero ella me dejó pistas para que encontrase información acerca de mis padres y cuando estuve en la sala de archivos de Faerya, el libro que hablaba de mamá, la mencionaba también a ella. También encontré su cuaderno de dibujo en mi mochila, lo debió de guardar antes de irse y, por último, hemos estado en Yidiar y Linnette me ha dejado leer su diario. Lo he traído porque he pensado que ella querría tenerlo.

—Gracias. ¿El Consejo Celeste sigue activo?

—Me temo que no. Tras los ataques de Niriax e Irine en Etraia, se disolvió y alguien mató a su líder.

—Ya veo… entonces solo podemos acudir a los Sabios. Están aquí, en Elynd. Son dos hermanos: el mayor se llama Xyrion y es un ángel especializado en temas militares y la pequeña, Enya, es una diablesa y se especializa en técnicas de curación y defensa personal. Quizá Enya sepa qué hacer para que Airis recupere sus recuerdos y vuelva a ser la de siempre.

—No perdemos nada por intentarlo. ¿Dónde podemos encontrarlos? —preguntó Zoren.

—El mayor tiene una armería llamada Alas Bélicas que abre de 9:00 a 20:00 todos los días y la pequeña regenta un restaurante llamado Lluvia de estrellas que abre de 7:00 a 15:00 y de 19:00 a 22:00 de lunes a sábado. Los domingos, Enya suele pasear por aquí y de vez en cuando, viene a ver a Airis para darle una infusión de hierbas mágicas.

—¿Y funciona?

—Sí. Últimamente está recordando más cosas. Voy a buscarla, está en su cuarto. Poneros cómodos.

Poco después, salió Airis. Su larga y ondulada cabellera castaña estaba recogida en una coleta alta medio desecha y su rostro seguía siendo hermoso aun con sus hermosos ojos verdes, que estaban enrojecidos e hinchados de tanto llorar. Aún llevaba el camisón de dormir e iba descalza.

—¿Nieliah? —preguntó la joven. La princesa asintió con los ojos todavía empañados por las lágrimas y ambas se fundieron en un abrazo.

—¡Airis, qué alegría de que te acuerdes de mi nombre! ¿Cómo estás?

—Bien, gracias. ¡Oh, Nieliah, te he echado tanto de menos! ¡Cuánto has crecido! ¡Y qué guapa estás!, ¿quiénes son esta mujer y los niños?

—Ella es Choa, mi mejor amiga y mi guardaespaldas. Éramos más, pero nos hemos separado y con algunos incluso se ha perdido el contacto. Los niños son mis hijos adoptivos: la rubia de ojos azules es Saelia, tiene ya once años; el niño castaño de ojos turquesa es Mikel, de diez años y medio y la pequeña elfa se llama Enyd y tiene diez años.

—Son preciosos. ¿Has encontrado información sobre mamá?

—¡Sí! Gracias por las pistas. Han sido de gran ayuda.

—Voy a hacer la comida ¿Coméis con nosotros?

—Vale, muchas gracias. Espera, te ayudo.

—¡Genial! Me encanta cocinar con pinche.

Airis y Nieliah se dirigieron a la cocina y juntas prepararon estofado y galletas de canela para el postre.

Durante la comida, Zoren y Choa elogiaron el estofado y se comieron la mitad de las galletas. Adiel también repitió y después se puso a jugar con Enyd y Xandrel.

Mientras las hermanas lavaban los platos, Choa y Zoren jugaron con los pequeños y luego, todos juntos durmieron la siesta en el salón. Cuando despertaron, Airis se quedó bordando y los demás, acompañados por Adiel, fueron a ver a los Sabios.

Xyrion estaba en su armería y al ver el colgante de Nieliah, la retó a un duelo de esgrima y otro de karate para probar su valía. La princesa venció sin demasiadas complicaciones y, como recompensa, le enseñó varios hechizos ofensivos.

Enya, en cambio, le hizo cuatro pruebas escritas sobre botánica, defensa personal, medicina natural y farmacología. Nieliah sacó buenas notas en las tres primeras, no obstante, suspendió la última.

Enya no se lo tuvo en cuenta, ya que las notas obtenidas fueron muy altas y como recompensa, compartió con ella todos sus conocimientos y le enseñó varios hechizos defensivos y de curación. También le dijo dónde encontrar a su padre.

Nieliah le dio las gracias por todo y se reunió con los demás en la entrada del restaurante para contarles las novedades.

—Vas a buscar a tu padre, ¿verdad? —preguntó Adiel cuando llegaron por fin a la cabaña.

—Efectivamente. Gracias por tu hospitalidad, cuida bien de Airis, por favor.

—Seniel no se merece tenerte como hija, eres demasiado buena. Y demasiado hermosa, como Lirea. Quiero que sepas que, aunque no seas de mi sangre, te considero una hija más y siempre serás bienvenida.

—Gracias, Adiel. ¿Odias a Seniel?

—Por supuesto, él me arrebató a la mujer que más he amado en toda mi vida, tu madre. Sois como dos gotas de agua.

—Debiste de amarla mucho, me hace muy feliz saber que mi madre fue tan querida. Debió de ser una mujer maravillosa, es una pena no poder conocerla. ¿Cómo os conocisteis?

—Éramos amigos desde nuestra más tierna infancia, crecimos juntos, nos enamoramos y luego tuvimos a tu hermana. Fuimos muy felices, hasta que empezó aquella maldita guerra, eso fue lo que hizo que nos separásemos. Yo no quería que se fuera, pero ella debía ir para protegernos a nosotros y a su madre. Dijo que no tenía opción.

—¿Y luego perdisteis el contacto?

—Exactamente. Aunque rescataron a Airis después de uno de los ataques de Irine en una aldea del este de Yidiar y ella me enviaba cartas regularmente, hasta que se separó de ellos y se fue a vivir a Ikarya.

—¿De quiénes estás hablando?

—De Lirea y tu padre. Vas a ir a buscarlo, ¿verdad?

—Sí, quizá él pueda contarme más cosas. Gracias por contarme todo esto. ¿La abuela sigue viva?

—Sí, vive en Vextus. Se llama Linnette.

—¡Por los dioses, la conozco! Venimos de visitarla.

Adiel rio a carcajadas y luego abrazó a Nieliah con afecto.

A continuación, prepararon juntos la cena mientras Zoren y Airis daban de cenar a los pequeños y Choa ponía la mesa.

Aquella noche fue una de las más felices de Nieliah. Después de la cena, Airis la invitó a dormir con ella y, por primera vez en mucho tiempo, durmió sin pesadillas, soñando con su valiente madre.

IV
Reunión familiar

Al atardecer del día siguiente, Adiel, Airis y Enya acompañaron al grupo de Nieliah hasta la casa de Seniel. Estaba en el centro de Elykax y era una vivienda de una única planta. La fachada de piedra presentaba dos grandes ventanales con balcones que estaban decorados con coloridas flores.

Zoren y Choa le dieron las manos a Nieliah mientras Enya ponía una mano en sus hombros para infundirle valor. Ella agradeció el gesto y tras oprimir suavemente las manos de sus compañeros más fieles, respiró profundo y llamó al timbre.

Tardaron unos diez minutos en abrir, tiempo en el cual el grupo cambió posiciones: Enya y Zoren estaban a ambos lados de la princesa, que sostenía a Enyd y Saelia de la mano y Adiel y Choa estaban justo detrás, uno a cada lado de Airis, que sostenía la mano de Mikel. Xandrel estaba justo al lado de su padre.

Cuando por fin se abrió la puerta, una mujer alta y esbelta de facciones suaves, ojos marrones y cabello cobrizo les dedicó una sonrisa cuando reconoció a Enya. Llevaba un largo vestido negro de punto de manga larga, una chaqueta gris y botas altas de tacón de aguja negras.

—Hola, Kithie. Quiero presentarte a Nieliah, la hija de Seniel. Ha superado las pruebas con notas excelentes y quiere conocer a su padre —dijo Enya suavemente.

—Por supuesto, adelante. Selia ya me ha hablado de vosotros —dijo la hechicera mirando con aprecio a Nieliah.

A continuación, entraron todos juntos al amplio salón donde les esperaban Selia, Seniel y dos adolescentes.

—Hola, princesa. Veo que habéis tenido suerte. ¿Quiénes son? —preguntó Selia cuando Nieliah se sentó a su lado.

—Él es Adiel, el padre de Airis, la que lleva a Mikel es Airis, mi hermana mayor y la diablesa es la princesa Enya.

Selia asintió en silencio y luego presentó formalmente a Nieliah ante Seniel y los adolescentes, quienes la miraban con una mezcla de curiosidad y simpatía.

—Hola, mi niña, es un placer conocerte al fin. Te has convertido en una mujer encantadora —dijo Seniel con amabilidad.

—Yo soy Berai, y ella es mi hermana pequeña, Kaelwe —dijo el varón. Su lacio cabello cobrizo le llegaba a media espalda, sus ojos almendrados eran azules como zafiros y su sonrisa traviesa derritió el corazón de la princesa. Vestía una camiseta de manga larga azul marino, unos vaqueros grises e iba descalzo.

Kaelwe sonrió tímidamente y le hizo una reverencia. Su largo cabello cobrizo estaba recogido en un complicado peinado a base de trenzas que se cruzaban entre sí formando un moño alto. Su rostro ovalado presentaba facciones delicadas y aniñadas; sus grandes ojos grises tenían un brillo soñador, su nariz era pequeña y fina, sus pómulos, rosados y sus labios carnosos en forma de corazón eran naturalmente rojos como las cerezas; su figura delgada, presentaba suaves curvas. Llevaba un vestido de manga francesa rojo largo hasta las rodillas, medias grises y bailarinas rojas.

Poco después, Kithie volvió con una bandeja de aperitivos y una jarra de limonada.

—Oye, papá, ¿puedes contarme cosas sobre mamá o sobre Irine?

—Claro, ¿qué quieres saber?

—Todo lo que sepas.

—Vamos a ver… tu madre era una mujer muy valiente y justa. Gracias a ella, la guerra entre Enya y su hermano terminó en un tratado de paz y luego ella y yo hicimos un pacto que consistía en recorrer juntos Phyrae y Etraia para ayudar a los supervivientes de la guerra. Durante nuestro viaje me contó su infancia, su juventud, me habló de su gran amor, Adiel y de su niña, Airis. Hablaba mucho sobre tu hermana y siempre decía que quería darle un hermanito para que no se sintiera tan sola. Tres años más tarde yo me enamoraría perdidamente de ella y el simple hecho de perderla me mataba por dentro, por eso le pedí que se quedase conmigo y luego nos casamos para tres meses después, descubrir que íbamos a tener un bebé. Estábamos muy contentos y yo me desvivía cuidándola. Fueron pasando los meses y en el tercer trimestre, apareció Irine y empezó a atacarnos, pero entonces tu hermana apareció y nos ayudó a mantenerla a raya durante un tiempo. Los tres nos internamos en el bosque y llegamos a un santuario con un lago y su guardiana me echó diciendo que la entrada no estaba permitida a los demonios, por lo que tuve que marcharme y ya no volví a saber nada de ella.

—Qué mala espina me da todo esto. ¿Y por qué os atacó Irine?

—Ni idea, supongo que estaría celosa de Airis.

—¿Qué quieres decir?

—Irine es mi hija, perdió a su madre a los seis años por tuberculosis y desde entonces no ha tenido un referente materno, al menos que yo sepa. La he criado solo y tuve que dejarla sola para irme a la guerra, así que es posible que, al no tener noticias, saliera a buscarme y cuando me encontró, me vio con ellas.

—Espera… ¿qué? ¿Irine es mi hermana? —Nieliah estaba en *shock*.

—Sí, cielo. Y Selia y Kaelwe también.

—¡Seniel, maldito seas! ¡No tenía por qué saberlo, por lo menos lo mío no! —Selia estaba fuera de sí.

—No podías ocultárselo para siempre, hijo.

De pronto, los ojos de Nieliah se llenaron de lágrimas que no pudo controlar. Todos los presentes le lanzaron una mirada asesina a Seniel y Airis, Kaelwe, Berai y Zoren abrazaron a Nieliah con fuerza para tratar de calmarla.

Selia abandonó el salón hecho una furia seguido por Kithie.

—¡Esto es increíble, tiene que tratarse de una broma pesada! —dijo Choa, molesta.

—Pues es la verdad, Selia es el hijo que tuve con la princesa Rinae. Lo mantuve oculto para protegerlo de la reina de las hadas y de Niriax, pero hace veinte años se escapó de la fortaleza donde vivía y le perdí el rastro hasta hoy. Su madre podía predecir el futuro, igual que Lirea y Airis y predijo la Gran Guerra. Rinae visitaba mucho a Selia y le entregó un diario con todas sus predicciones en un plazo de 200 años y también le habló del colgante sagrado, que se construyó hace un siglo y se purificó con el agua del lago infinito para luego ser enviado al santuario Kimary, perdido en el bosque Fatuo, al suroeste de Etraia para que, en el momento indicado, le fuera entregado al elegido de la profecía —explicó Seniel.

—No me lo puedo creer. ¿Selia sabía todo lo que iba a pasar y lo ha estado ocultando todo este tiempo? Y si realmente es mi hermano, eso significa que todo lo que he vivido con él ha sido una farsa —dijo Nieliah, entristecida.

—Bueno, yo no me preocuparía tanto por eso. Después de todo, me tienes a mí y a nosotros no nos une ningún lazo sanguíneo —dijo Berai con voz calmada antes de besar con delicadeza la frente de Nieliah.

—¡Quieto ahí! Que yo llevo a su lado desde que éramos pequeños y la conozco mucho mejor que tú, así que te relajas porque es MI chica —replicó Zoren desafiante.

—Bueno, si quieres, podríamos competir entre nosotros. Te reto a un combate cuerpo a cuerpo, las reglas son muy sencillas: el primero que consiga derribar al oponente, vence y el vencedor se queda con ella. El perdedor, por su parte, tendrá que estar a las órdenes del ganador durante un mes.

—Me parece bien, pero tengo mi propia condición: independientemente de quien gane, ambos tenemos un mes cada uno para conquistarla y luego ella decidirá con quién se queda y nos lo dirá con un beso en los labios enfrente del otro.

—Condición aceptada. ¿Cuándo quieres empezar?

—Cuanto antes, mejor.

Zoren se quitó la chaqueta y se la dio a Nieliah para después, acariciar su cabello con ternura. Berai, por su parte, se quitó su brazalete y lo depositó al lado.

Nieliah tuvo el impulso de detenerlos, pero Choa y Enya la convencieron para que no lo hiciera.

—Tan solo confía —le dijo Enya.

—Zoren es más fuerte de lo que imaginas, por ti haría hasta la más grande de las locuras —añadió Airis.

Nieliah se puso la chaqueta de Zoren y aspirando su aroma, pidió un deseo: «dad lo mejor», aunque en el fondo de su corazón ya tenía un favorito.

—Creo que Berai es un muy buen partido, es el más fuerte de la familia y además es muy guapo. Haríais una pareja estupenda —dijo Kaelwe.

—Sin duda será un duelo muy emocionante, voy a verlo. Creo que se han ido al patio interior —añadió Seniel con una media sonrisa.

Xandrel se sentó al lado de la princesa en cuanto Seniel se hubo marchado y se puso a jugar con ella.

Kaelwe jugaba con Enyd mientras Enya y Airis jugaban con Mikel y Saelia respectivamente.

Al cabo de una hora, Seniel, Selia, Zoren y Berai volvieron al salón acompañados de Kithie. Ella y Berai compartían una sonrisa triunfante.

Berai se acercó a Nieliah y besó con gentileza el dorso de su mano antes de anunciar su victoria. Al oír la noticia, la princesa miró entristecida a Zoren, que le estaba contando las novedades a Selia. Luego, Zoren se acercó a ella y la miró con ternura al descubrir que se había puesto su chaqueta.

—Enhorabuena por esta primera victoria, Berai. Ahora tenéis que conseguir conquistarme, buena suerte con eso —dijo Nieliah—. A los dos.

Zoren sonrió tras recuperar su chaqueta y se puso a jugar con su hija mientras Berai hablaba con Selia.

Al cabo de un rato, Selia se acercó a ella y le dio un beso en la mejilla.

—Siento no habértelo contado, no he tenido el valor suficiente.

—No pasa nada, ahora sé que he estado viviendo una farsa y aunque me duela, debo alejarme de ti… hermano. Gracias por todo lo que has hecho por mí hasta ahora y por no haberte ido de mi lado. Cuando discutimos la última vez… estabas celoso de Zoren, ¿verdad?

—Así es. Espero que sea él quien te conquiste en lugar de Berai.

—¿Por qué lo dices? Creía que no lo soportabas.

—Y no lo hago, pero he visto cómo te mira y cómo te trata, está claro que bebe los vientos por ti. Y, en cambio, Berai solo te ve como un pasatiempo, aunque se empeñe en decir que ha sido amor a primera vista.

—¡Pero si nos acabamos de conocer!

—En persona puede que sí, pero yo llevo con ellos desde que me fui de Faerya y les he estado hablando de vosotros, en especial de ti porque todos hacían un montón de preguntas desde que dije que tenías el colgante sagrado.

—Entonces puede que solo me quiera por el colgante.

—¡Eso no es verdad! Me gustas porque tienes un corazón puro, eres valiente, inteligente, generosa, compasiva, dulce, leal, protectora, amable, cariñosa y por si todo eso no fuera ya suficiente, tienes un cuerpo, unos ojos y una sonrisa espectaculares. Que tengas el colgante es solo un añadido a tu belleza, así que no pienses eso. Y tú, Selia, deja de decir tonterías porque para mí, ella no es ningún pasatiempo, si no alguien con quien espero compartir mi vida —dijo Berai, quien había escuchado toda la conversación entre los hermanos y estaba bastante molesto con Selia.

—Vaya, gracias, Berai. Creo que es la primera vez en mi vida que alguien me halaga tanto. —Rio la princesa.

—Ah, ¿sí? Me alegra oírlo entonces.

—¡Anda que… vaya Romeo está hecho! —murmuraba Zoren para sí.

Nieliah se acercó a su padre y le preguntó acerca del castillo Lyande, a lo que él respondió:

—Es donde vivíamos la familia Sadair hasta que Etraia fue creada, ahora conocido como «castillo Sadair»; actualmente nuestra dinastía y los guerreros viven de forma independiente.

—¿Y cuál es el orden de antigüedad de los otros mundos?

—De más antiguo a más nuevo: Yidiar, Elynd, Faerya, Phyrae y Etraia.

—Entiendo.

—Si quieres, podríamos ir a ver a Irine, últimamente está muy parlanchina, seguro que a ti te cuenta cosas.

—Suena bien, ¿cuándo vamos?

—Mañana por la mañana, si quieres.

—Vale, maravilloso. ¡Lo estoy deseando!

—Nosotros te acompañamos —dijeron Berai, Zoren, Selia y Airis a coro.

—Gracias a todos. Pero Airis… ¿tu padre te dejará?

—Sí, no hay problema —respondió Adiel acercándose a Nieliah para revolverle el cabello afectuosamente e intercambiar una mirada desafiante con Seniel.

A la mañana siguiente, después de desayunar, se dirigieron a las mazmorras.

V

Irine

Caminaron por un largo y estrecho pasillo que tenía celdas a ambos lados hasta que por fin se detuvieron frente a una. En su interior, había una elfa con una niña en brazos. Estaba sentada en su camastro, llevaba el cabello suelto y despeinado y vestía un largo camisón gris de tirantes y profundo escote. Al ver que tenía visita, la elfa se acercó a la puerta y los examinó con sorpresa.

Nieliah se ocultó detrás de los chicos para esconder el colgante en el interior de su vestido. Mientras, Selia abría la puerta de la celda.

A continuación, Nieliah entró en la pequeña pero fría, oscura y húmeda estancia y se sentó en el camastro, extendiendo la mano hacia la elfa, que la miraba con una mezcla de desconfianza y asombro.

Finalmente, accedió y se sentó a su lado. Sus ojos verdes se quedaron fijos en los de la princesa.

—¡Cuánto tiempo sin verte, hermana!

—¿Eres Nieliah?

—Así es.

—¿Qué haces aquí, hermanita?, ¿dónde está el colgante?

—He venido a verte porque necesito respuestas. Lo llevo puesto.

—Está bien, pregunta lo que desees.

—No sé de cuánto tiempo dispongo, así que hoy iré directamente al grano: ¿Por qué atacaste a mis padres y por qué arrasasteis Etraia y Phyrae?

—Quería impedir que nacieras para evitarte una vida de soledad y sufrimiento, yo misma he pasado por ahí y no se lo recomiendo a nadie. Estábamos buscándote, para matarte antes de que fueras demasiado fuerte y poder quedarnos con el colgante para así dominar todos los mundos, pero tú y los tuyos siempre ibais un paso por delante. Así que decidimos destruir Etraia y Phyrae para que no tuvieras a dónde ir, pero también salió mal.

—¿Dónde está Niriax?

—Murió al poco de llegar aquí, debieron de envenenarla durante la última batalla. Ella lo era todo para mí y ahora solo me queda esta niña como su recuerdo.

—¿Es vuestra hija?

—Su hija, más bien. Un tal Selia es el padre.

Nieliah se quedó helada y como acto reflejo, abrazó a la pequeña, que se había puesto a jugar con su pelo.

—¿Sucede algo, hermana? —Los ojos jade de Irine seguían fijos en ella.

—No es nada. ¿Cómo se llama?

—Nyeoni. Se lo puse yo cuando nació. Tiene diecisiete años.

—¿Nació durante la Bendición Astral?

—Así es. Es muy tímida, pero cuando coge confianza, habla por los codos.

Nieliah rio e Irine se relajó un poco.

—Parece muy buena niña, estarás deseando salir para poder cuidarla, imagino. ¿Cuánto te queda?

—Cinco años.

—¿Y quién la está cuidando?

—Alne, una buena amiga mía. Vive en Saphyria. No debería tardar en llegar, es casi la hora de la cena.

Nieliah observó atentamente a la pequeña Nyeoni: tenía la piel blanca, el cabello castaño oscuro y ondulado, largo hasta la cintura, rostro ovalado de facciones suaves, cejas finas y arqueadas, pequeños ojos almendrados color turquesa, nariz grande, labios carnosos y mandíbula en v; Vestía un jersey de punto azul aguamarina de cuello redondo, unos vaqueros grises con una flor rosa pastel en el glúteo izquierdo y unas deportivas a juego con el jersey. Una diadema de terciopelo blanca adornaba su cabeza.

Alne llegó poco después, era una elfa pelirroja de grandes ojos negros y complexión delgada. Vestía una blusa de botones malva, una falda vaquera y unos tacones altos negros. Saludó a Berai y Seniel de manera efusiva y ellos le respondieron con un abrazo.

Cuando ella entró a recoger a la niña, le dirigió a Nieliah una mirada llena de curiosidad y la saludó educadamente. La princesa se despidió de las tres y le prometió a Irine que volvería al día siguiente.

Después de compartir las novedades con los demás, volvieron a casa de Kithie para pasar la noche y se despidieron de Adiel y Airis. La princesa compartió habitación con Kaelwe, Reyah y los niños y los chicos durmieron en la habitación de Berai.

A la mañana siguiente después de desayunar fueron a visitar a unos amigos de Berai que vendían un apartamento de seis habitaciones y tres baños que Selia, Choa, Reyah y Zoren compraron conjuntamente.

Tras terminar de instalarse, Nieliah fue de nuevo a visitar a Irine. Esta vez, sola.

Irine la recibió con alegría y empezó a narrarle la siguiente historia:

«Nací en una pequeña aldea llamada Rexia, 75 kilómetros al noroeste de aquí. Mi madre, Karin, pertenecía a Yusai, una de las familias más influyentes de Elynd y trabajaba como costurera en el taller de la aldea. Me llevaba genial con ella y estábamos muy unidas.

Crecí sin padre, se fue en cuanto se enteró de que mi madre estaba embarazada. Pero no le di importancia, porque siempre tuve a mi madre conmigo y ella se ocupó de llenar ese vacío con todo el amor que fue capaz de darme.

Tuve una infancia feliz, al menos hasta los seis años, cuando mi madre falleció después de estar muy enferma. Recuerdo que lloré amargamente aquella mañana al ver que no se despertaba y salí corriendo a buscar al doctor. Cuando la examinó, me confirmó lo que ya sospechaba, pero oírlo de su boca fue aún más doloroso. Aunque no entendía muy bien todo eso de la muerte, supe que mi madre ya no despertaría jamás.

Después de aquello, me volví muy introvertida y tímida. Incluso llegué a desconfiar de todos los que me rodeaban y me encerré en mí misma. Pero hubo una elfa que no se dio por vencida. Ella era de la edad de mi madre y me crio hasta que fui adolescente y decidí ir en busca de mi padre, que en aquel momento estaba en Etraia, en medio de la Gran Guerra.

Me preparé a conciencia y para cuando llegué, la guerra ya había terminado. Un día me topé por casualidad con el sabio Xyrion y me dijo que mi padre se había ido con la única superviviente de su ejército, se llamaba Lirea o Aqua, su nombre en clave, a restaurar la zona afectada por la batalla. Le di las gracias y traté de alcanzarlos.

Pasaron casi tres años hasta que di con ellos y para entonces, Lirea ya estaba en avanzado estado de gestación. Airis, su hija mayor, también estaba con ellos; fue ella quien me contó que mi padre y Lirea se habían casado después de la guerra y me confesó que ella no lo veía con buenos ojos, pero que estaba ansiosa por conocer a su nuevo hermanito.

En ese momento, tuve emociones encontradas. Por una parte, estábamos de acuerdo, pero por otra, no quería que ese bebé naciera porque sería fruto de una relación prohibida y le esperaba una vida de sufrimiento y soledad. Por eso intenté matar a Lirea, pero no importaba cuantas veces lo intentase, siempre fracasaba hasta que, de repente, les perdí la pista.

Semanas después, encontré a mi padre cerca de un santuario llamado Kaldair y le pregunté acerca del paradero de Lirea, pero no quiso responderme. Fue entonces cuando perdí la paciencia y le reté a un duelo que terminaría ganando, dejándole malherido.

Después de aquello, volví a Elynd para buscar ayuda y fue entonces cuando conocí a Niriax. La encontré junto al lago Infinito, meditando y recuerdo que cuando me vio, se sorprendió bastante pero después de escuchar mi historia y mis razones, decidió ayudarme y empezamos a viajar juntas. Recuerdo que hablaba mucho y con mucho cariño de Selia y estaba muy emocionada por ser mamá, era incluso contagioso.

Me enamoré perdidamente de ella en aquel primer encuentro, pero ella no se daba cuenta por los sentimientos que tenía hacia él. Me costó seis años enamorarla y convencerla para que dejase atrás su pasado, ¿pero sabes qué te digo? Que valió la pena todo el tiempo y el esfuerzo invertidos porque, al final, acabó entre mis brazos. La mujer que tanto amaba era mía por fin.

Pero en algún momento, se quedó embarazada y luego me contó que era de Selia y que él le había jurado amor eterno, aunque le dijo que no podían estar juntos y que, si se quedaba embarazada, sería su último regalo y una prueba de amor.

Juntas recorrimos todos los mundos, buscándote y cuando ya pensábamos que te habíamos alcanzado, te nos escurrías de entre los dedos, otra vez…

Siempre has sido muy perspicaz, querida hermana. Y muy rápida.

Te vimos durante la Bendición Astral, pero ibas bien escoltada y no había forma de acceder a ti. Y para poner las cosas aún más interesantes, Niriax se puso de parto al final de la ceremonia. Ese fue el día más feliz de mi vida porque te vi por primera vez, después de tanto buscarte y porque nació la niña a la que más quiero en este mundo.

Y luego, después de tanto tiempo, apareció él y la retó a un duelo de esgrima. ¡Ese canalla sinvergüenza! Siempre lo he odiado y no importa cuánto lo intente, ¡no le dejaré tocar a su hija ni con el pétalo de una rosa! Ahora la niña está conmigo y soy su única familia. Si de verdad la quiere, ¡tendrá que luchar por ella!

Y en cuanto a ti, serás la única con la que la dejaré estar, porque eres su tía. Y he aceptado mi destino y tengo que salir de este lugar infernal para estar con mi niña. Cueste lo que cueste».

—¡Vaya, menuda historia! ¿Y cómo vas a mantenerla? ¿Dónde vais a vivir?

—Hay una pequeña casa de tres habitaciones, salón-comedor, cocina, dos baños y un jardín en la parte trasera 300 metros al este del lago Infinito y al norte del lago, hay un santuario llamado Seriax, donde se hizo el colgante que llevas puesto. Si tienes pensado ir al lago, tienes que dejar una ofrenda de flores en la caseta que hay a su derecha y presentarte ante la elfa de la caseta, se llama Dyrania. Ella te escoltará hasta el santuario, donde podrás aprender más sobre el colgante. Y respondiendo a tu otra pregunta, abriré mi propia galería de arte en el centro de Elykax y expondré mis cuadros allí. Con suerte, alguien los comprará. O también podría trabajar en una pastelería, conozco a alguien que buscaba personal.

—Ambas opciones son muy interesantes, pero la segunda me parece la más sensata. Te deseo mucha suerte, hermanita.

—Gracias. ¿No me odias?

—Al principio sí. Pero después de escuchar tu historia, creo que entiendo mejor tu conducta. Después de todo, solo querías protegerme, a tu manera. De hecho, te admiro mucho. Gracias por buscarme durante todo este tiempo. Ojalá pudiera ser tan fuerte como tú o como Niriax. Espero que podamos llevarnos bien y quiero que sepas que puedes contar conmigo para lo que necesites; lo único que no te perdonaré nunca es todo el daño causado y las vidas que quitasteis.

—Lo sé, lo siento de veras.

Nieliah tomó las manos de su hermana en un gesto de compasión y ambas sonrieron.

—Vendré a verte cuando volvamos del lago —prometió Nieliah.

VI
El lago infinito y el colgante sagrado

Aquella noche, Nieliah habló con Selia acerca de Irine y la pequeña Nyeoni y le contó sus averiguaciones. Él la escuchó sin interrumpir y luego dijo:

—Irine no es de fiar, aléjate de ella, por favor. Yo me encargaré de la niña, sé dónde vive Alne.

—Por favor, no le hagas daño. También es mi hermana.

—¿Por qué la defiendes? ¡Intentó matarte y destruyó nuestro mundo! ¡Es una celosa y una egoísta que solo se preocupa por sí misma!

—Sé muy bien que tienes razón, pero una parte de mí quiere creer que cambiará. Intentó protegerme a su manera. Y quiere con locura a tu hija.

—Querida, no te dejes embaucar por sus bellas palabras. Ella jamás cambiará y a la única que amó con locura fue a Niriax. Solo quiere a la niña por ser la hija de su amada.

—Supongo que tienes razón. Además, parece que no te tiene mucha estima. Ten cuidado si vas a verla, dudo mucho que sea amable contigo.

—Descuida, no me hará nada.

—Una cosa más: dijo que quería el colgante sagrado para dominar el mundo y que debía hablar con Dyrania para que me llevara al santuario Seriax, donde, al parecer, hay información sobre él. ¿Crees que dijo la verdad?

—Sin duda el santuario Seriax tiene información sobre el colgante, pero es inexacta. Solo saben que es una joya muy poderosa que, en manos equivocadas, puede destruir el mundo que hoy conocemos. Pero no saben nada de sus poderes, propiedades, cómo se fabricó, ventajas e inconvenientes. Mi abuela, la reina Lisbeth fue quien fabricó el colgante y posteriormente, mi madre modificaría la joya para convertirla en lo que es actualmente y escribió un libro al respecto. Está en mis aposentos, en el castillo real, al norte de Elykax. Unos jardines repletos de violetas, lirios y rosas lo rodean. Pero para entrar, primero el portador del colgante y el príncipe perdido, es decir, nosotros dos, deberemos superar la prueba del lago Infinito. La mala noticia es que desconozco en qué consiste dicha prueba. Tendremos que ir al castillo de todos modos y averiguarlo.

Y así, al día siguiente Nieliah, Selia, Berai y Kaelwe partieron hacia el castillo mientras Zoren, Choa y los pequeños se quedaban con Kithie y Seniel.

Tardaron dos días en llegar y un tercero en atravesar el intrincado jardín floral. Para cuando llegaron a las enormes puertas del castillo, ya era noche cerrada y tuvieron que dormir a los pies de un roble.

Las chicas se despertaron al amanecer y Nieliah vio a Alne salir del castillo y se apresuró a hablar con ella mientras Kaelwe despertaba gentilmente a sus hermanos.

—Buenos días, Alne. ¿Me concedes unos minutos, por favor?

—Buenos días, alteza. Claro, iba a dar un paseo y a recoger flores para la señorita Nyeoni, pero no tengo prisa. ¿En qué puedo serviros?

—¿La pequeña Nyeoni vive en el castillo?

—Así es, desde hoy y por orden de su abuelo, la señorita vivirá aquí.

—Me alegra saberlo y supongo que tú eres su cuidadora, ¿cierto?

—Exacto, y también soy su institutriz.

—Y la última pregunta: ¿crees que Irine es de fiar?

—Si os soy sincera, no. Pero la señorita la quiere mucho, demasiado, y la considera su madre, aunque sabe que hay maldad en su corazón confía en que cambie algún día.

—Gracias por compartir esta información conmigo y dedicarme tu tiempo.

—Ahora me toca a mí preguntaros por qué estáis aquí.

—Venimos a informarnos sobre la prueba del lago Infinito para obtener información del colgante sagrado.

—Conozco a alguien que puede ayudaros. Y os traeré flores para la ofrenda. Si queréis, podéis acompañarme.

Berai, Kaelwe y Selia se acercaron a ella y saludaron animadamente a Alne, que les dedicó una sonrisa amable.

Los cuatro se unieron a Alne y la acompañaron en su paseo matutino y disfrutaron del dulce aroma de las flores y el relajante canto de los pájaros.

Tras hora y media, Alne los llevó al mercado y los guio hasta un pequeño puesto ambulante que vendía flores recién cogidas. Alne compró un ramo de capullos de rosa azul y Nieliah compró un ramo de azucenas y amapolas.

Al volver al castillo, el grupo consiguió una audiencia con la reina Lisbeth, que, al ver a su nieto, rompió a llorar de alegría y saludó con especial cariño a Nieliah, que se enterneció al presenciar la escena.

Lisbeth abrazó a Selia con afecto y luego a Nieliah.

—Tu madre era la mejor amiga de mi hija. Es un honor conocerte, tesoro. Bienvenida a la familia.

—Muchísimas gracias, majestad.

—¿En qué puedo ayudarte?

—Desearíamos saber en qué consiste la prueba del lago Infinito.

—¿Queréis información sobre el colgante sagrado?

—Así es.

—Está bien, escuchadme con atención: tú y Selia tenéis que superar una prueba cada uno. Tu prueba consiste en conectar con el colgante después de purificarlo en el agua del lago. Debes sincronizar tu energía con el colgante; y la prueba de Selia consiste en bucear hasta la primera cueva y extraer un trozo de coral violeta. Luego debéis imbuir el coral con la energía del colgante y guardarlo en esta caja. Si lo conseguís, volved a verme y entregadme el coral.

—¿Y cómo sabré si mi energía se ha sincronizado con el colgante?

—Si las energías se sincronizan, el colgante emitirá una luz azul. Cuanto más pura sea tu energía, más clara y brillante será la luz.

—Entendido, muchas gracias.

—Buena suerte.

El grupo se despidió con una reverencia de la reina élfica y tras despedirse también de Alne, se dirigieron de nuevo al lago Infinito para dejar la ofrenda e iniciar las pruebas.

Dyrania le entregó a Selia un traje de buceo, una bomba de oxígeno y un machete. Después de ponerse el traje y recogerse el pelo en un moño, el joven príncipe chocó los cinco con Nieliah y Berai e intercambió una sonrisa con Kaelwe antes de sumergirse en el lago.

Al mismo tiempo, Nieliah sumergió la joya en el agua para purificarla y luego se la volvió a poner, juntó las palmas y cerró los ojos, controlando su respiración, totalmente concentrada.

Berai y Kaelwe se pusieron cada uno a un lado del joven ángel, en completo silencio para no molestarla y con los ojos fijos en el colgante, que tras cinco minutos comenzó a emitir una intensa luz azul que se volvió cada vez más clara en los próximos diez minutos, hasta que la aguamarina absorbió la luz y brillaba resplandeciente.

Selia emergió poco después y se quedó maravillado con la escena que presenciaron sus ojos: Nieliah estaba completamente envuelta en una suave luz azul, con las alas extendidas. Su cabello se había vuelto platino y su piel era más blanca.

Poco a poco, Nieliah abrió los ojos y se encontró rodeada por sus sonrientes hermanos, quienes orgullosos, la abrazaron con fuerza.

—¡Eres grandiosa, Nieliah! —dijo Berai.

—¡Buen trabajo! —corearon Selia y Kaelwe.

Nieliah sonrió satisfecha y les devolvió el abrazo.

—¿Has conseguido el coral, hermanito?

—Sí. ¡Misión cumplida! —Selia mostró el trozo de coral violeta y lo acercó al colgante sagrado. Instantáneamente, el coral empezó a brillar con la misma luz que la aguamarina. Después, Selia guardó el coral en la cajita dorada.

Tras cambiarse y devolver el equipo prestado, Selia y los demás volvieron al castillo y solicitaron de nuevo audiencia con la reina y le entregaron la caja.

—Buen trabajo a los dos. Como recompensa, Selia, serás admitido de nuevo en la corte y te coronarás como príncipe heredero de Elynd y tú, Nieliah, puedes quedarte con el libro que escribió mi hija.

—¡Muchas gracias, majestad! —Selia y su hermana intercambiaron una sonrisa.

—Vosotros dos podéis llamarme abuela y tutearme, si queréis.

Ambos asintieron y tras hacer una reverencia colectiva, se despidieron de ella y se dirigieron a los aposentos de Selia.

Era una estancia rectangular, pequeña y oscura que tenía una única ventana en forma de arco con doble batiente en medio de la pared frontal. A la izquierda de la ventana, pegada a la pared, había una cama individual de madera oscura cuyas sábanas eran de seda blanca y a los pies de la cual, había un baúl grande; al lado derecho de la ventana, había un escritorio y una estantería repleta de libros de todo tipo. Las paredes eran de piedra y el suelo de madera.

Selia se adelantó y cogió un tomo de cubiertas color aguamarina y se lo entregó a Nieliah, que se había sentado en la cama junto a Kaelwe. A continuación, Nieliah empezó a leer en voz alta:

«La aguamarina fue extraída de la cueva Arcoíris, tallada en la joyería de Garrion y purificada en las aguas sagradas del lago Infinito junto con la cadena.

Si el propietario tiene el alma pura y consigue sincronizarse con la piedra, obtendrá acceso a todo su propio potencial físico y mental, así como a los hechizos que he aplicado a la gema. Dichos hechizos son los siguientes: eterna juventud, detector de energía, escudo energético, supervisión y curación intensiva. También es posible abrir portales, para ello el portador debe colocarse enfrente de la entrada del portal y colocar la gema de modo que refleje la luz del sol hacia la entrada del portal.

Como principales desventajas, es posible sufrir agotamiento físico y psicológico tras un uso prolongado de la gema, así como pérdida sensorial, de apetito y de peso, estar siempre durmiendo o tener muchos micro sueños. También imposibilita la posibilidad de soñar y de sentir frío o calor.

Si la joya cae en manos de un alma impura, el usuario no podrá acceder a las habilidades anteriormente mencionadas y la aguamarina se oscurecerá hasta volverse negra.

Para desactivar los poderes de la aguamarina, debe recitarse lo siguiente: fermare l'acqua».

VII
El amor de Berai

El grupo pasó la noche en el palacio y se levantaron todos al amanecer. Selia se disculpó con sus hermanas diciendo que tenía que hacer algo importante y se marchó.

Nieliah notó en él algo extraño y oscuro que no tuvo tiempo de identificar, pues Selia salió de la estancia apresuradamente. Al intentar perseguirlo para averiguar más, fue interceptada por Berai quien, tras ponerle la mano en la cintura, la hizo retroceder con delicadeza, guiándola hasta la cama y ambos se sentaron mientras sus miradas se encontraban. Nieliah, confusa y molesta, se dejó llevar esperando una explicación. Kaelwe los observaba desde una esquina, con un libro de mitología entre manos y tras despedirse de Selia, sonrió para sí ante la rápida reacción de su hermano y se centró en la lectura, apoyada contra la pared.

—Déjalo marchar, seguramente tenga sus motivos para ir tan acelerado. No me ha contado mucho, pero creo que tiene que ver con su hija. Ten paciencia, seguramente vuelva pronto —dijo Berai en voz baja, trataba de mantener la calma y aparentar seriedad, pero Nieliah se percató de que le temblaban las manos, y la voz también.

—¿Te encuentras bien? Estás temblando.

—Estoy algo nervioso, no te voy a engañar.

—¿Por qué?

—No me esperaba que nos dejara a solas tan pronto.

—¿Tienes miedo? ¿O es que eres tímido? —Rio Nieliah.

—¡Oye, no te rías de mí! Solo me ha pillado desprevenido, eso es todo.

—No me río de ti, pero me ha hecho gracia que te hayas puesto nervioso de repente, pareces un niño pequeño que se ha enamorado y no sabe cómo expresarse. Me recuerdas un poco a Zoren cuando era pequeño.

—Muy graciosa, señorita —dijo Berai mientras se hacía el ofendido y empezaba a hacerle cosquillas sin piedad. Luego se acercó a ella y le susurró al oído—: Te demostraré que puedo superarlo. Te enamorarás de mí antes de que te des cuenta y terminarás olvidándolo.

—Ya lo veremos. —Nieliah sonrió juguetona y cambiaron posiciones para que Nieliah pudiera tener su revancha.

Berai se quedó prendado de aquella sonrisa y se llenó de determinación para conquistarla mientras dejaba que ella tuviera su revancha en la guerra de cosquillas.

Un rato después, mientras ambos recobraban el aliento, exhaustos de tanto reír, Berai tomó la cara de Nieliah entre sus manos y tras mirarla afectuosamente, le dijo:

—Puede que sea cierto eso de que me cuesta expresarme, pero espero que puedas ayudarme. ¿Me harías el honor de concederme una cita?

—Claro, será un placer. ¿Dónde quieres ir?

—A mi lugar favorito. Ven, te lo mostraré. Pero antes… tienes que ponerte una venda en los ojos.

—¡Vaya… qué misterioso! Me gusta. Dame un segundo para que Kaelwe me vende los ojos y te sigo. —Nieliah le guiñó un ojo mientras sonreía con picardía antes de acercarse a Kaelwe, quien le prestó un trozo de tela aterciopelada negra y se la puso en los ojos.

Berai rio a carcajadas y su risa resonó por la estancia, haciendo eco durante algunos segundos. Luego avanzó con paso seguro hacia su hermana, quien le estaba terminando de anudar la tela a Nieliah y cogió a esta última delicadamente de la mano para guiarla al exterior, despidiéndose de Kaelwe, quien dijo que los esperaría en casa de Kithie.

El sol estaba empezando a salir en el horizonte y una suave brisa los acogió, alborotando sus cabellos y ondeando levemente el vestido de Nieliah.

Berai la condujo a la capital y se adentraron en un hermoso parque natural con cascadas y numerosos almendros en flor. Se sentaron en un banco de piedra con las vistas de la cascada enfrente y Berai le quitó suavemente la venda de los ojos.

Nieliah parpadeó un par de veces, mientras intentaba acostumbrarse a la nueva iluminación y se quedó asombrada ante la belleza del entorno que la rodeaba. No pudo reprimir una exclamación de asombro.

—Bienvenida a mi pequeño rinconcito de paz. Suelo venir aquí a estas horas porque no hay nadie, la gente suele venir a partir del mediodía.

—¡Vaya, esto es precioso! ¿Qué sueles hacer aquí?

—Pensar. Normalmente vengo cuando estoy triste o necesito estar solo. El sonido del agua me tranquiliza.

—Oh, entonces creo que no deberías habérmelo mostrado. Tengo la costumbre de buscar a los míos si están tristes y me quedo con ellos en silencio. Ahora ya sé dónde encontrarte si alguna vez necesitas espacio.

—Eres la única a la que se lo he mostrado. Sé que puedo confiar en ti y que vendrás en mi busca cuando esté ausente, así que no me importa, de hecho, me alegra que me lo hayas contado porque eso confirma lo que pensaba.

—Bueno, de acuerdo.

—¿Sabes? Me moría de ganas de estar a solas contigo y poder conocerte mejor. Llevo oyendo maravillas de la boca de Selia acerca de ti desde que llegó a nuestra casa, buscando a su padre. Y ver que eres tan querida por todos ha aumentado significativamente mi interés hacia ti. Se podría decir que me enamoré a primera vista en cuanto te vi. Tienes cualidades fascinantes que me encantaría adquirir a mí también.

—Según Selia llevas enamorado de mí desde que él llegó a vuestra casa. ¿Cuánto hace de eso?

—Sobre un par de meses.

—¿Y llevas esperándome tanto tiempo? ¡Vaya! Qué maleducado por mi parte tardar tanto, si lo hubiese sabido, me habría venido con él.

Berai rio de nuevo y pasó uno de sus brazos alrededor de la cintura de Nieliah para atraerla hacia él.

—Tranquila, tu hermano me dijo que estarías ocupada buscando respuestas acerca de tus padres y que te reunirías con nosotros si encontrabas alguna pista.

—No lo tuve fácil, pero aquí estamos. De paso encontré información de mi hermana y me reencontré con Zoren, a quien llevaba muchos años sin ver.

—Tuvo que ser todo un desafío.

—Desde luego. ¿Hay algo que quieras preguntarme?

—Muchas cosas, pero no quiero abrumarte. Mejor tomárnoslo con calma, tenemos un mes entero por delante.

—Como quieras.

—De momento, céntrate en disfrutar del paisaje y relájate. Creo que te vendrá bien.

—Me costará relajarme si estás flirteando conmigo cada cinco minutos. —Rio Nieliah.

—Igual debería controlarme un poco, sí. Lo siento, me sale de forma instintiva. Es que estoy muy contento de estar contigo por fin. Piensa en alguien a quien quieras mucho, eso debería ayudar.

—De acuerdo, lo intentaré.

Nieliah se concentró en visualizar a Selia y respiró profundamente, dejando que sus pensamientos fluyeran, concentrándose en los sonidos de la naturaleza para aliviar sus nervios. Sin embargo, la presencia de Berai a su lado la ponía cada vez más y más nerviosa, hasta el punto de que sus pulsaciones se desbocaron y empezó a sudar, sintiendo cómo la adrenalina recorría su cuerpo en forma de pequeñas descargas eléctricas y un calor abrasador se adueñaba de su pecho. Intentó no prestar atención a la mano que le acariciaba levemente la cintura, pero fue incapaz. Berai se estaba acercando más a ella, había apoyado la cabeza en su hombro y había cerrado los ojos, intentando sentir cada respiración de Nieliah. Parecía cómodo ante la súbita subida de pulsaciones de la princesa y no pudo evitar sonreír al percatarse.

Nieliah, molesta, buscó la mirada de Berai y la mantuvo, desafiante. Sin embargo, lejos de hallar malicia o maldad, lo que vio en aquellos ojos azules como zafiros fue calma, ternura y un atisbo de tristeza.

—¿Sucede algo? —preguntó Nieliah en voz baja, tratando de ser ella la que mantenía la calma esta vez.

—Eres adorable —dijo él simplemente, perdiéndose en sus ojos grises.

—Gracias. Pero… ¿por qué estás triste?

—No lo estoy.

—¿Seguro? No puedes esconderme nada, soy muy observadora, tarde o temprano acabaré sabiendo lo que te pasa. Tienes un brillo de nostalgia en los ojos. Aunque si no me lo quieres contar, no pasa nada, esperaré.

—Es más complicado de lo que parece, quizá si logro conquistarte, te lo cuente algún día.

Cuando Berai terminó la frase, la pulsera de Nieliah empezó a brillar y segundos después, escuchó la voz de Tarian en su cabeza diciendo: «No te fíes, quiere utilizarte. Aléjate de él».

Nieliah acarició una de las gemas y preguntó en voz alta:

—¿Nos vamos?

«Sí, vuelve a casa de Kithie, rápido» al mismo tiempo que Nieliah escuchaba la respuesta de Tarian, Berai dijo:

—Está haciendo frío, sí, volvamos.

Berai intentó darle la mano a Nieliah, pero una extraña fuerza lo propulsó hacia atrás, haciéndole perder el equilibrio.

«¡Corre!» Nieliah oyó la orden de Tarian, sin embargo, en lugar de obedecer y alejarse, volvió sobre sus pasos y ayudó a Berai a levantarse.

El joven le dedicó una sonrisa como agradecimiento y se levantó con dificultad, Nieliah se percató de que cojeaba tras ayudarlo a dar unos pasos apoyado en ella.

«¡No seas inconsciente, es peligroso! Vuelve a casa, por favor».

—Lo siento, Berai, de repente me encuentro mal. ¿Te importaría que me adelante? Me encantaría ayudarte, pero creo que sería más bien una carga.

—Tranquila, ve delante. No me duele tanto, puede que tarde un poco en llegar, avisa a mi madre, por favor.

—Descuida. Te prometo que no me separaré de ti en cuanto llegues y te curaré el pie.

—Te tomo la palabra.

Nieliah se alejó rápidamente, mientras oía la voz de Tarian resonar en su cabeza: «Buena chica. Ve hacia el noreste y tras 200 metros, gira a la izquierda. Llegarás a la casa de Kithie».

Siguiendo las indicaciones, la princesa llegó a su destino. Kithie le abrió la puerta mientras le dedicaba una sonrisa.

—Berai tardará un poco en llegar, se ha hecho daño en el tobillo —le dijo Nieliah.

—Está bien, no pasa nada. Se suele lesionar bastante a menudo. Ven conmigo, le prepararemos hielo y una pomada antiinflamatoria, así cuando vuelva lo podremos curar.

—De acuerdo.

«Mantente alerta».

Nieliah siguió a Kithie hasta la cocina, donde guardaba el botiquín y tras recibir la pomada, el hielo y algunos vendajes, Nieliah pidió que le indicara la ubicación de la habitación de Berai para esperarlo allí.

Kithie la guio hasta allí y le dijo que en cuanto llegase Berai, lo acompañaría hasta su habitación para que ella pudiese curarlo. Sin embargo, se percató de la pulsera de Nieliah y le preguntó:

—¿Quién te dio la pulsera, querida?

«Di la verdad».

—Fue Tarian.

—¿Os conocéis? —Kithie estaba sorprendida.

—Sí, la guardiana de la cueva iridiscente me dijo que lo buscara, ya que él podría ayudarme a encontrar respuestas.

—Ya veo…

—¿Sucede algo, Kithie?

—No le digas nada a Berai, pero esa pulsera que llevas es un amuleto mágico que ha pertenecido a mi familia durante generaciones. Quien la lleve puesta estará protegido de todo lo negativo, tanto personas como el entorno que lo rodea. Tarian es el primo de Berai, pero eso Berai no lo sabe, todavía no se conocen. Yo misma le entregué la pulsera a Tarian cuando era pequeño para que pudiese protegerse y le dije que si tenía que entregársela a alguien, que eligiera a una persona que fuese preciada para él, porque el hechizo de protección que tiene la pulsera es capaz de entrelazar las almas de los portadores, de forma que están conectados eternamente. Es lo más parecido a un pacto de amor que tenemos en Elynd.

—Entonces eso significa…

—Que Tarian te ha elegido futura esposa, sí.

—Espera… ¡¿Qué?!

—Tarian te dijo que le importabas mucho y que quería protegerte cuando te dio la pulsera, ¿cierto?

—Sí, es verdad. Pero no nos conocemos apenas.

—No necesitas necesariamente conocer a una persona para querer protegerla.

—No te entiendo, lo siento. ¿Puedes explicarte mejor?

—El hecho de que tú no conozcas a Tarian, no implica que él no te conozca a ti. Tarian lleva esperándote muchos años, al igual que Seniel, Kaelwe y yo. Pero no sabíamos qué aspecto tendrías, solo teníamos la información que Selia nos proporcionó: que eras la nueva portadora del colgante sagrado, que eras inteligente, dulce, valiente y muy capaz. Según la tradición élfica, las pulseras con hechizos de protección como la que llevas eran fabricadas por los elfos varones, luego una hechicera las bendecía y les ponía el hechizo de protección y las pulseras eran devueltas a los que las fabricaron para posteriormente ser entregadas a sus futuras esposas como prueba de amor eterno. De esa manera, las mujeres que recibían las pulseras estaban protegidas en todo momento y se aseguraban de estar rodeadas de las personas correctas. Si la persona que les entregó la pulsera tenía malas intenciones, la pulsera se rompería.

—Entonces, ¿Tarian me estaba esperando para casarse conmigo?

—Eso parece, pero es muy tímido. Suele lanzar indirectas a las personas que aprecia.

—Pues conmigo fue muy directo. —Nieliah rio mientras oía a su vez la risa tímida de Tarian en su cabeza.

—Supongo que lo cautivaste rápido y se sintió seguro a tu lado. Por eso pudo ser él mismo.

—¿Entonces rechazo a Berai? No quisiera hacerle daño.

—Es buen chico, pero se encariña demasiado rápido y no sabe lo que quiere en realidad. Puede llegar a ser tóxico algunas veces sin pretenderlo. Creo que lo mejor es que seáis solo amigos.

—Entiendo. Bueno, supongo que no pasa nada. Aunque me sabe mal por él, parecía muy cómodo en mi presencia. No quiero que me guarde rencor después de todo lo que se está esforzando por conquistarme.

—Puedes decirle que lo aprecias mucho, pero que has descubierto que tu corazón pertenece a alguien más y no puedes estar con él. ¿A quién amas realmente? ¿Con quién te gustaría pasar el resto de tu vida?

—No lo sé aún. Me gustaría que fuera un elfo para no seguir rompiendo el equilibrio entre las especies y no desatar otra guerra como la que sucedió según la leyenda. Aprecio mucho a Zoren, pero no sé si quedarme con él es lo correcto. No sé qué hacer… ¿Cómo y por qué decidiste quedarte con mi padre?

—Seniel y yo compartimos muchos puntos de vista, me llena de paz, me valora y me acepta tal y como soy. Siempre me apoya y si alguna vez surgen desacuerdos, siempre intenta comprender mi punto de vista y lo solucionamos hablando. Con él aprendí a amarme a mí misma, enterré mis miedos y saqué valor para afrontar nuevos retos en su compañía. Por eso decidí quedarme a su lado y casarme con él. Creo que el éxito de todas las relaciones se basa en la empatía, la comprensión, la comunicación y el respeto.

—Ya veo… qué hermoso. ¿Entonces qué debo hacer?

—Rodéate de personas que te aporten paz y te ayuden a crecer y a ser una mejor versión de ti misma. Y si eso lo encuentras en Tarian, quédate con él sin importar lo que piensen los demás. Es tu vida y tú decides cómo quieres vivirla, no sigas las directrices de alguien si no te representan o te hacen sentir incómoda.

—Muchas gracias, Kithie. Eres lo más parecido a una madre que he tenido, y eso que apenas te conozco.

—Para eso estamos, cariño. Ahora eres parte de la familia.

Kithie y Nieliah se fundieron en un abrazo y poco después se abrió la puerta principal y se oyó la voz de Berai quejándose.

Kithie fue rápidamente a atender a su hijo y lo condujo a su habitación, donde lo esperaba Nieliah. Berai y la princesa intercambiaron una sonrisa y poco después, Kithie ayudó a su hijo a tumbarse en la cama y le quitó los zapatos y los calcetines para que Nieliah pudiera ponerle el hielo y la pomada. Luego, Kithie se despidió de ambos y salió de la habitación.

—¡Vaya, parece que lo teníais todo preparado! Qué eficientes sois.

—¿Cómo te encuentras?

—Me duele bastante el pie, pero supongo que con el hielo y la pomada debería mejorar.

—Lo siento, creo que soy un poco culpable. Debería haberme quedado contigo.

—No te preocupes, mujer. Soy más fuerte de lo que imaginas, esto no es nada, te lo aseguro.

—Bueno, de acuerdo. Voy a vendarte el pie y te dejo descansar.

—¿Podrías quedarte, por favor? Dormiré mejor esta noche si estás cerca.

—No sé si puedo hacer eso, se lo preguntaré a Kithie. Espera aquí, vuelvo enseguida.

—De acuerdo.

Nieliah salió de la habitación en busca de Kithie. La encontró en el salón, hablando con Seniel y Selia. Kaelwe estaba en una esquina, bordando.

La mirada de Nieliah se cruzó con la de Zoren, quien estaba jugando con Xandrel cerca de Selia. Él le sonrió cuando ella le dio una palmadita amistosa en el hombro antes de acercarse a su hermano y taparle juguetonamente los ojos con ambas manos.

Selia le acarició las manos y dijo:

—¿Quién será? ¿Nieliah?

—¡Correcto! ¿Tienes un minuto para mí, hermanito?

—Los que necesites.

Nieliah lo llevó a la esquina opuesta a Kaelwe, le enseñó la pulsera y lo puso al corriente de todo lo sucedido para después pedirle consejo.

—¿Estás segura de querer estar con Tarian?

—Creo que es lo mejor. Dejaré que Zoren intente conquistarme y luego tomaré una decisión, pero no las tengo todas conmigo.

—Desde luego Berai no es buena opción para ti. Creo que deberías quedarte con el que estés más a gusto y te genere menos dudas. Yo te apoyaré, decidas lo que decidas.

—Gracias.

Selia le sonrió y luego volvió junto a Seniel. Nieliah se acercó a Kithie y le contó la petición de Berai, a lo que ella respondió que la acompañaría a la habitación de Berai para que se despidieran y se quedaría con él en su lugar.

Al día siguiente, Berai se levantó mejor y fue a hablar con Nieliah después del desayuno.

—Siento si he sido demasiado directo, no pretendía que te sintieras incómoda —dijo él.

—No pasa nada, lo has hecho lo mejor que has podido. Pero creo que será mejor para los dos si solo somos amigos. Lo siento, de verdad.

—¿Tienes a alguien ya?

—Todavía no hay nada confirmado, pero tengo el presentimiento de que alguien me está esperando, por eso no puedo quedarme contigo.

—Ya veo… ¿de qué raza crees que es?

—Un elfo.

—Oh. ¿Y lo conoces?

—Sí, aunque no mucho.

—Vaya, qué misterioso. ¿Y Zoren tiene alguna oportunidad?

—Lo sabremos en breve. Pero no sé muy bien qué hacer, la verdad. Estoy confusa.

—Haz lo que creas que es mejor. Yo siempre estaré a tu lado, apoyándote.

—Gracias, Berai. Espero que encuentres a alguien que te haga feliz, siento no poder ser yo.

—Te deseo lo mismo.

Berai intentó darle un abrazo y de repente, la pulsera comenzó a brillar de nuevo. Por acto reflejo, Nieliah acarició una gema de la pulsera y dijo:

—Confía en mí, por favor. No va a pasar nada.

El brillo de la pulsera cesó y la voz de Tarian resonó en la cabeza de Nieliah mientras ella abrazaba a un confuso Berai, quien se dejó llevar casi por instinto.

«Solo por esta vez. No vuelvas a acercarte a él, por favor».

—Estar juntos solo nos traerá problemas, creo que es mejor que mantengamos las distancias —le dijo Nieliah a Berai al separarse del abrazo. Berai asintió entristecido, prometiendo estar ahí para ella.

El resto del mes transcurrió con normalidad. Berai mantuvo las distancias con Nieliah, pero seguía mostrándose cordial con ella.

En ese tiempo, la voz de Tarian la acompañaba todos los días y la princesa fue conociendo más y más al elfo, quien pidió participar en su conquista.

Todas las noches hablaban hasta cerca del amanecer y Tarian le transmitía sus emociones a través de la pulsera.

El corazón y la mente de Nieliah se llenaban de paz con cada palabra del elfo, quien trataba de mostrarse lo más transparente posible ante ella y poco a poco, los miedos de ambos se esfumaron.

En la mente de la princesa, divagaban recuerdos lejanos procedentes de su niñez, que la acompañaban al dormir.

Cuando pensaba en Tarian los sentimientos que surgían de su interior eran: calma, felicidad, comprensión y gratitud. Sin darse cuenta, cada vez que hablaba con él, una sensación de relajación intensa se apoderaba de ella y progresivamente fue mejorando en su autoconocimiento y la forma de relacionarse con los demás, como si una nueva luz la guiara.

Todos notaron el cambio y excepto Kithie, se preguntaban la razón de este. Pero todos estaban de acuerdo en algo: la felicidad de la princesa era lo más importante.

Un día, Tarian llegó de visita, sorprendiendo a la princesa y a Selia. Kaelwe, Zoren y Berai lo observaron con curiosidad mientras Kithie y Seniel hablaban entre ellos tras darle la bienvenida.

Nieliah lo saludó efusivamente y él la estrechó entre sus brazos, colmado de felicidad de verla de nuevo.

Nieliah lo condujo a su habitación y estuvieron hablando durante horas. Fue entonces cuando la princesa cayó en la cuenta de que no habría nadie más que la comprendiese tan bien como él y que la hiciese sentir segura y amada con una sola mirada, como él acababa de hacer.

Nieliah tomó de las manos a Tarian y le dijo:

—Dame tiempo, necesito averiguar algo antes de estar contigo. Pero no desesperes, solo tardaré un mes.

—Te estaré esperando —dijo él antes de depositar un beso en su frente y marcharse, con altas expectativas de un futuro junto a ella.

Berai, por su parte, se centró en conocer a gente nueva por petición de su madre. Pasaba los días en su rincón de paz a las horas en las que estaba más concurrido.

Y allí conoció a una hermosísima elfa medio año mayor que él que cautivó su corazón al instante y lo llenó de amor y admiración tan profunda e inesperadamente Berai se quedó embelesado mirándola sin atreverse a hablar.

La joven lucía una media melena con las raíces en turquesa con mechas moradas, cian y azul eléctrico, que se extendían hasta la mitad de esta, dejando en las puntas un degradado en turquesa, azul eléctrico, morado y blanco peinada con un semi-recogido de trenza de sirena con el resto del cabello suelto. Su pequeño rostro albergaba finas cejas arqueadas, grandes ojos almendrados color violeta, nariz pequeña y labios con forma de corazón. Iba maquillada con un ahumado de rosa pastel en los ojos, delineado grueso de gato y un pintalabios con brillo rosa coral. Tenía la piel perfecta y extremadamente blanca, medía 1,70 y su silueta delgada y en forma de reloj de arena presentaba grandes senos, una cintura bien definida, caderas anchas y piernas largas y estilizadas. Vestía una blusa rosa ceniza con un profundo escote en v y manga corta, vaqueros grises de tiro alto con un cinturón blanco perla con pedrería dorada y el bordado de una rosa blanca tanto a la altura del muslo izquierdo como a la del tobillo derecho y unos tacones altos granate de pulsera con plataforma cuyo tacón y tira alrededor del tobillo eran dorados.

Se acercó a Berai con pasos seguros y elegantes mientras contoneaba las caderas, quien estaba sentado en un banco, alejado de la multitud. Y cuando por fin estuvo enfrente de él, levantó su mentón con suavidad y sus miradas se encontraron. La elfa pudo ver a través del torrente de emociones que abrumaban al chico, viendo su corazón al desnudo y notando cómo se le aceleraban las pulsaciones. Luego sonrió y apartó la mano con delicadeza, acariciándole levemente mientras la retiraba. Luego le dijo con voz sensual:

—Hola, ¿me permites hacerte compañía un rato, puedo sentarme contigo?

—Por supuesto, adelante, preciosa —dijo él sonriendo amablemente mientras extendía la mano, invitándola a tomar asiento a su lado. Luego suspiró levemente y se armó de valor para preguntarle su nombre.

—Me llamo Kaiaria Brightmoon. Tú debes de ser Berai Darkflame, llevo buscándote mucho tiempo. Es un honor conocerte al fin —dijo ella dedicándole una dulce sonrisa que hizo que el corazón de Berai se acelerase de nuevo. Jamás había sentido aquello.

—El mismo que viste y calza. El placer es todo mío. ¿Por qué me buscabas?

—Mi madre es muy amiga de la tuya y hablan mucho sobre ti, así que ardía de curiosidad por conocerte. Ha sido mi madre quien me ha dicho dónde estabas y me ha animado a venir, espero no haberte molestado.

—No me esperaba tener visita, pero no me molesta en absoluto que hayas venido. Al contrario, te lo agradezco. ¿Cómo ha sabido tu madre dónde estaba?

—Es vidente, tiene una bola de cristal que le muestra cosas. Lleva casi dos semanas viéndote en la bola sin descanso, así que ha pensado que quizás fuera una señal.

—El destino nos ha puesto juntos por lo que parece, qué curioso… quizás seas tú quien me salve del abismo en el que me encuentro.

—Me encantaría… no sabes hasta qué punto. Haré hasta lo imposible por verte sonreír de nuevo y que encuentres la felicidad que has perdido, espero que a mi lado. Algo me dice que has sufrido un desengaño amoroso recientemente, qué triste… pero no te preocupes, yo lo arreglaré todo…si me dejas. No voy a hacer nada que no quieras, Berai, tienes mi palabra.

—Gracias, Kaiaria. Eres la única hasta ahora que ha podido ver mis verdaderas emociones y sentimientos, no sé muy bien cómo. Me siento muy cómodo contigo, siento que puedo ser yo mismo por fin. Prometo cuidarte mucho y darte mi apoyo y mi tiempo siempre que lo necesites.

—Lo mismo digo. ¿Te apetece venir a tomar el té a mi casa? Puedes quedarte a comer también, si quieres. Te invito.

—Muchísimas gracias, pero no quisiera ser una carga, además, tendría que avisar a mi madre y pedirle permiso.

—No eres una carga en absoluto, bombón. Y de lo de tu madre me encargo yo, mi madre me ha dado su número.

—Podemos ir a mi casa, te presento y se lo propones en persona. Creo que le caerás bien.

—Está bien, te sigo.

Ambos llegaron a casa de Kithie y Berai presentó formalmente a Kaiaria ante su madre, que la recibió amablemente, aunque un poco dubitativa. Tras una conversación muy persuasiva entre Kaiaria y Kithie, en la cual la joven elfa aseguró que sería un pilar para Berai si permitía que estuviese a su lado y que no iba a permitir que nada destruyera al joven, la hechicera accedió a que su hijo pasara tiempo con la joven, permitiéndole visitarla a menudo y accediendo a que comieran juntos en la casa de la joven elfa tras consultarlo con Seniel, quien dio el visto bueno al enterarse por Selia de la identidad de la joven y la excelente reputación y estatus económico de su familia.

Tras recibir la aprobación de sus padres, Berai fue a casa de Kaiaria y comió con ella, disfrutando de un ambiente relajado y lleno de bromas.

Ambos pasaron mucho tiempo juntos a partir de aquel día, y la relación se fortaleció a un nivel que a Berai le costaba de creer y al cabo de medio año, los jóvenes se hicieron pareja, jurando estar siempre juntos.

VIII
El amor de Zoren

Un mes después, la conquista de Zoren empezaría. Él sabía que tenía ventaja por el hecho de conocerla durante tanto tiempo, por lo que se esforzó en cautivar su corazón creando momentos inolvidables junto a ella, le regaló flores, perfume y chocolate, pero, sobre todo, le regaló risas. Conquistó el corazón de los pequeños y demostró ser un padre compasivo y empático.

Nieliah y él se perdieron en los recuerdos de su infancia, cuando aún eran felices, cuando aún no había nada que los separaba…

Nieliah suspiraba cada vez que lo tenía lejos, y la angustia de volver a perderlo la atormentaba sin descanso. Pero sentía que su lugar no estaba a su lado, que quizá con Kaelwe, quien lo había estado observando en secreto y en silencio, sería más feliz.

Así que un día, le dijo:

—Zoren, le gustas a mi hermana.

—¿A quién? ¿A Airis?

—No, a Kaelwe. La elfa de cabello cobrizo.

—¿La hermana de Berai?

—Sí.

—¿Estás segura?

—Sí. Lleva observándote en silencio desde que llegamos, creo que deberías hablar con ella.

—No creo que le guste, siempre sale corriendo cuando me acerco a ella.

—Porque es muy tímida. Es igual que yo cuando era pequeña.

—Es verdad, tú también te escondías cuando me veías.

—¿Lo ves? Creo que haríais muy buena pareja. Además, adora a Xandrel.

—Igual que tú, ¿no?

—Sí. Pero creo que ella podrá entenderte mejor de lo que yo jamás podré.

—¿Qué te lleva a pensar eso?

—Kaelwe es más sensible que yo, se da cuenta de más cosas porque se fija más que yo en los pequeños detalles de las acciones de los que la rodean. Es una chica estupenda y lo mires por donde lo mires, no tiene fallos. Es la persona más equilibrada que he conocido. Creo que seríais muy felices los dos.

—Todos tenemos fallos, Nieliah. No me gusta que te hables así a ti misma. Te subestimas. ¿Por qué crees que me enfadé tanto cuando te nombraron Elegida en la Bendición Astral?

—Porque no querías que nadie me apartara de ti.

—En cierto modo, sí. Pero también porque no quería que te metiesen ideas raras en la cabeza que te obligaran a dejar de ser tú misma.

—¿Y he dejado de ser yo misma?

—Has cambiado mucho, sí. Has perdido la inocencia que te caracterizaba, has dejado de sonreír, has dejado de creer en ti misma… incluso diría que has olvidado cómo luchar, como vivir… te has convertido en alguien fría, distante… Me duele verte así, joder. Quiero recuperar a esa Nieliah soñadora, alegre y curiosa que solías ser. Quiero que vuelvas a ser tú, a sentirte empoderada, libre y plena. Quiero enamorarme otra vez del brillo de tu mirada, de tu sonrisa, de tu forma incondicional de amar… Quiero que te importe una mierda lo que piensen los demás, quiero que seas feliz, la más feliz del planeta… Y quiero ser yo quien te haga así de feliz. Así que, por favor, no me pidas que me vaya con tu hermana, porque entonces me matarás.

—Zoren, yo… no sé si soy lo suficientemente fuerte y lo suficientemente buena para complementarte. Te quiero con locura, pero precisamente por eso, necesito que tengas un futuro feliz y lleno de calma y estabilidad.

—¿Y no crees ser capaz de dármelo tú?

—Exacto. —Nieliah dejó de controlar sus emociones para permitir que las lágrimas se deslizaran por sus mejillas.

Zoren la abrazó con fuerza, dejando que sus emociones también se desbordaran.

La pulsera de repente se rompió y los pequeños cristalitos en forma de luna cayeron al suelo, haciéndose pedazos.

Nieliah oyó un alarido de dolor en su cabeza y poco después empezó a verlo todo borroso antes de caer inconsciente en los brazos de Zoren.

Zoren

Repentinamente, Nieliah cayó inconsciente y me apresuré a cogerla antes de que colisionara contra el suelo repleto de cristales. No entendía nada, la extraña conversación, la pulsera que se rompía, las dudas incesantes que venían a mi cabeza una y otra vez…

Fui rápidamente en búsqueda de Kithie y le conté lo sucedido mientras ella tumbaba a Nieliah en el sofá ante la preocupada mirada de Seniel, Selia y Kaelwe.

—No puede ser… ¿Se ha roto la pulsera? ¿Qué has hecho, Zoren?

—Abrazarla. ¿Qué era esa pulsera?

—Un amuleto de protección. Pero es extraño, nunca había pasado esto. ¿Qué estabais haciendo?

—Hablar de nuestros sentimientos.

—¿Y qué te ha dicho?

—Que quizá debería estar con Kaelwe, porque ella me complementaría mejor que Nieliah.

Kaelwe, quien había presenciado toda la conversación entre Zoren y Nieliah antes de que se desmayara, se acercó a ellos dubitativa.

—Creo que ambos deberíais hacer lo que más felices os haga. Es cierto que tengo sentimientos hacia ti, Zoren, pero si crees que es mejor quedarte con Nieliah, entonces hazlo. Con tal de que ambos seáis felices, yo me conformo.

—Yo me quiero quedar a su lado, eso es indiscutible —dijo él.

—Voy a hacerle algunas pruebas para ver qué ha pasado. Kaelwe, cielo, recoge los cristales, por favor, pero ten cuidado de no clavarte ninguno —dijo Kithie.

—De acuerdo, madre. ¿Qué hago con los cristales?

—Tíralos a la basura.

—Vale. Con permiso.

Kaelwe se marchó a recoger los cristales mientras yo me quedaba al lado de Nieliah. En ese momento, llegó Berai y al verla, se acercó corriendo a nosotros para preguntarle a su madre sobre lo acontecido.

—Tranquilo, hijo. Voy a examinarla y a hacerle pruebas, os mantendré informados. Por favor, no hagáis alboroto.

Berai y yo asentimos mientras observábamos cómo Kithie cogía en brazos a Nieliah y se la llevaba. Selia y Seniel se acercaron a nosotros y los cuatro intercambiamos una mirada de preocupación.

Ahora solo quedaba esperar y rezar porque las noticias fuesen buenas.

Kithie

Tras llevarme a Nieliah a mi habitación y hacerle un montón de pruebas, descubrí que la conexión se había roto por una sobrecarga emocional, lo que me llevó a plantearme si el escudo de protección de la pulsera estaba bien puesto en primer lugar. La otra opción era que las emociones transmitidas para romper la conexión hubieran sido demasiado positivas, lo que hubiera ocasionado una alteración del escudo energético, rechazando la polaridad negativa. Pero eso no tenía sentido ya que Tarian no tenía malas intenciones con Nieliah. Por otra parte, me había percatado de los sentimientos de Zoren, quien parecía rechazar a todo el mundo, excepto a Nieliah y a la pequeña Xandrel.

Fui a informar del estado de Nieliah y le pedí a Seniel que custodiara la puerta de la habitación en mi ausencia, ya que debía ausentarme para hacer unas averiguaciones. Les pedí a Selia, Berai, Zoren y Kaelwe que no entraran en ninguna circunstancia en la habitación, pues Nieliah debía descansar.

Tras despedirme de ellos, me dirigí a toda prisa a la cabaña de Tarian. Lo hallé también inconsciente en el exterior de la cabaña, por lo que decidí llevármelo junto a Nieliah y hacerle pruebas.

Seniel me miró con preocupación en cuanto vio a Tarian en mis brazos, le dediqué una sonrisa tranquilizadora y me dirigí al interior de la habitación para empezar con la examinación de Tarian.

Tras unos minutos, descubrí que había restos energéticos en el cuerpo de Tarian, pero no presentaba heridas físicas. Los restos encontrados correspondían a impotencia, rabia, tristeza, pero, sobre todo, a amor incondicional.

Tras hacerles pruebas cerebrales a ambos, descubrí que perderían la memoria, ya que habían sufrido daños cerebrales por motivos que desconocía. Con un poco de suerte y terapia, podría lograr que recuperasen parte de la memoria, pero no era nada seguro.

Les apliqué a ambos un hechizo de curación profunda y salí de la habitación para dejarlos descansar.

—¿Cómo están?

—En estado crítico. Es posible que tengan amnesia irreversible.

—¿Sabes qué la ha podido causar?

—Tengo mis sospechas, pero no estoy segura.

—Quizá pueda ayudarte, cuéntame lo que piensas, querida.

—¿Recuerdas la tradición de regalar pulseras como amuleto de protección?

—Sí, simbolizan un pacto de amor eterno, ¿no?

—Exacto. Pues la que llevaba tu hija se la dio Tarian.

—Vaya…

—Tengo la teoría de que si alguien tiene sentimientos por la portadora de la pulsera y no es el que se la entregó, puede romper la conexión existente entre las almas y generar un nuevo vínculo con esa persona. Si eso es así, las almas que estaban entrelazadas antes sufrirían un daño irreversible que les obligaría a alterar los recuerdos presentes en el cuerpo en el que estuvieran alojadas y eso podría provocar alteraciones en su comportamiento, sus sentidos y su manera de procesar la información que reciban del entorno.

—En otras palabras: Si la conexión de almas entre Tarian y Nieliah se ha roto por culpa de Zoren, sería ahora Zoren el que tendría el vínculo con Nieliah y solo él podría curarla.

—Más o menos. Aunque cabe la posibilidad de que Nieliah no se acuerde de Zoren, pero sí de Tarian, si fuera el caso, solo ella podría curar a Tarian.

—¡Qué complicado!

—Mucho.

—¿Qué hacemos entonces?

—Lo mejor sería esperar a que ambos despierten y ver si se reconocen. Si se reconocen, le pediré a Zoren que entre y veré la reacción de tu hija. Si no lo recuerda, entonces mantendremos a Tarian y Nieliah juntos para ver si recuperan la memoria.

—¿Y qué pasaría si los recuerda a los dos?

—Es muy poco probable que eso suceda, pero en ese caso habría que estudiar las reacciones de Nieliah con cada uno de los dos y dejar que sus emociones decidan quién es el que más a gusto y más segura la hace sentir y hacer que se quede con él hasta que se recupere completamente.

—¿Y luego habría boda?

—Seguramente sí. —Kithie rio.

—¡Vaya, vaya…!

—Es la primera vez en la historia de Elynd que pasa esto, pero debemos confiar en ellos.

—Si Nieliah es como su madre, que no tengo ni la más mínima duda, entonces saldrá victoriosa de esta. Es mucho más fuerte de lo que nos podemos imaginar.

—La quisiste mucho, ¿verdad?

—Sí. Era única, igual que su hija.

—Haré lo imposible por salvarla.

—Gracias, querida.

Ambos nos fundimos en un abrazo, tratando de mantenernos positivos. A continuación, volví de nuevo al interior de la habitación para velar por ellos.

Pasaron semanas y ninguno despertaba, lo que despertó la preocupación de toda la familia. Sin embargo, una mañana después del desayuno, fui a comprobar su estado y me encontré a Nieliah sentada en la camilla, mirando a su alrededor sin parar.

Me acerqué a ella y le acaricié la cabeza con ternura mientras ella me observaba atentamente.

—¿Cómo te encuentras?

—Bien, gracias.

—Me alegro. ¿Sabes quién soy?

—Kithie.

—Muy bien.

—¿Cómo están los demás?

—Los tienes preocupados por ti, cielo. ¿Los recuerdas a todos?

—Sí. Estaban Selia, Kaelwe, Berai, Zoren, Choa, Seniel, Enyd, Saelia y Mikel, ¿verdad?

—Correcto. ¿Recuerdas al elfo que tienes al lado?

—Me resulta muy familiar, aunque no recuerdo su nombre. Pero por algún motivo, siento que era alguien muy importante para mí. ¿Está bien?

—Sí, cielo. Solo está dormido, debería despertar pronto. ¿Quieres que les diga a los demás que entren a verte?

—Sí, por favor. ¿Puede venir Zoren primero? Quiero verlo.

—De acuerdo, le diré que pase el primero.

Salí de la estancia y me dirigí al salón, donde Seniel había reunido al grupo de Nieliah y me percaté de que Berai y Kaelwe estaban jugando con los niños de la princesa. Me acerqué a ellos en silencio y todos me prestaron atención al instante, expectantes por obtener novedades acerca de su estado.

—Ha despertado —dije por fin.

Suspiros de alivio y lágrimas de alegría aparecieron en los rostros de los presentes.

—¿Podemos verla? —preguntó Zoren.

—Por supuesto. Por cierto, Zoren, tú deberías ir primero. Nieliah quiere verte. Lleva también a Xandrel, no sé si la recordará, pero por si acaso.

—¿Ha perdido la memoria? —preguntó Selia perplejo.

—Sí. Es normal que no recuerde algunas cosas, ha sufrido daños cerebrales. No sé hasta qué punto, pero parece que a nosotros nos recuerda.

—Entiendo. Es un alivio. ¿Qué hay de Tarian?

—Aún sigue dormido, Nieliah no lo recuerda, pero ha dicho que es importante para ella.

Una sonrisa de satisfacción se dibujó en el rostro de Zoren al escuchar esas palabras y tras coger a su hija de la mano, se despidió del grupo para ir a ver a Nieliah en solitario. Lo seguí sigilosamente y observé.

Zoren entró en la estancia con paso seguro y se acercó a Nieliah, quien lo observaba atenta y con un brillo extraño en los ojos que no supe identificar, pero que hizo que un escalofrío de terror me recorriera la espalda. El muchacho no pareció inmutarse de aquel brillo extraño en los ojos de su amiga.

—Hola —dijo Nieliah, su voz de repente sonaba triste y melancólica.

—¿Cómo te encuentras? —preguntó Zoren con suavidad mientras le acariciaba levemente el dorso de la mano con el pulgar.

—Estoy algo confusa, no recuerdo bien qué ha pasado. ¿Quién es esta niña tan guapa?

—Se llama Xandrel, es mi hija adoptiva. ¿Sabes quién soy?

—Eres Zoren.

—Correcto. Me alegra que te acuerdes de mí. ¿Recuerdas cuándo nos conocimos?

—Sí, era otoño. Yo tenía cuatro años y tú seis. Recuerdo que estuvimos jugando con las hojas caídas y que antes de irme, me regalaste una bellota.

—Más o menos. En realidad, tú tenías cinco años y yo siete y antes de irte lo que te di fue una trufa. ¿Qué más recuerdas?

—Tenías un perro llamado Rufus y también recuerdo que tus padres solían bromear acerca de vernos juntos en el futuro.

—Es verdad. ¿Sabes quiénes son Airis e Irine?

—Mis hermanas mayores.

—Muy bien. ¿Cuántos hermanos tienes?

—Cuatro. Selia, Irine, Airis y Kaelwe.

—Buen trabajo. ¿Recuerdas nuestra última conversación?

—Tengo lagunas…. Me parece que dijiste que querías que fuera la mujer más feliz del planeta y que querías ser tú quien me hiciese así de feliz.

—Podríamos decir que se resume en eso, sí. ¿Y qué piensas? ¿Me dejarás?

—No quiero dejarte solo. —Nieliah de repente empezó a llorar.

—No me refería a eso. Lo que quiero saber es si me dejarás hacerte feliz. —Zoren acarició con ternura el largo cabello platino de Nieliah mientras susurraba aquellas palabras cerca de su oído.

—Ya me haces feliz, tu presencia me hace feliz.

—Me alegra oírlo. ¿Te has enamorado alguna vez, Nieliah?

—Sí. Varias, de hecho.

—¿Recuerdas cuántas o de quién te enamoraste?

—Está difuso, solo recuerdo las voces.

—¿Está mi voz entre ellas?

—Sí.

Zoren la abrazó con ternura y cuando se separó de ella, pude ver que estaba llorando.

—¿Puedo quedarme a tu lado para siempre?

—Sí. Pero ¿por qué lloras?

—Porque tú también estás llorando, mi vida.

—Todavía hay cosas que no recuerdo, ¿me ayudarás?

—Por supuesto que sí.

Zoren se quedó con Nieliah hasta que recuperó la memoria por completo, haciendo su mejor esfuerzo por conquistarla y verla feliz.

Sin embargo, ahora que Nieliah había recuperado la memoria, sus sentimientos eran cristalinos y no podía seguir mintiéndose a sí misma, por lo que una mañana, después del desayuno, la princesa le pidió a Zoren que la acompañase a dar un paseo porque tenía algo importante que decirle. Zoren accedió nervioso, despidiéndose de su hija, que jugaba con Saelia, Mikel y Enyd en compañía de Selia.

Nieliah

Inspiré profundamente y dejé escapar un largo suspiro antes de tomar de la mano a un nervioso y confuso Zoren para salir de la casa y adentrarnos en un bosque cercano.

—Pareces muy nerviosa, ¿qué sucede, preciosa? —preguntó Zoren con cierta timidez y con la voz temblándole una vez que estuvimos en el interior del bosque.

—Zoren… no sé cómo decirte esto, porque no sé cómo te lo vas a tomar y no quiero hacerte daño. No después de ver y vivir cómo te has esforzado y volcado en mí para conquistarme y curar mi amnesia. Tengo muchísimo miedo porque siento que, si te digo lo que te quiero decir, te perderé para siempre… y eres demasiado valioso para mí como para perderte ahora, después de todo lo que hemos vivido juntos… pero si no te lo digo, vivirás en una farsa. Y no quiero que pases por ahí, porque yo lo he vivido con Selia y sé lo que duele… por eso, por eso quiero que sepas la verdad, aunque eso signifique rompernos los dos en mil pedazos. Pero si sabes la verdad, entonces podrás rehacer tu vida y vivir feliz —dije estallando en llanto mientras apretaba inconscientemente la mano de Zoren con fuerza.

—¿Cuál es esa verdad que te da tantísimo miedo contarme? —preguntó Zoren cuando terminé de hablar. Ahora estaba muy serio y se había puesto tenso. Su tono era amenazante.

—Me he enamorado de Tarian, Zoren. No puedo estar contigo, lo siento en el alma. —Lloraba desconsolada, sentía que me hacía pedazos y que mi existencia carecía de sentido. Sabía que iba a perder a mi mejor amigo sin poder evitarlo, pero no quería que viviésemos una mentira, aunque fuese la más dulce de todas.

—¡No sé cómo coño lo hacen, pero siempre consiguen apartarnos, joder…! Nieliah, te juro por mi puta vida que, si lo tengo que matar para que estemos juntos, lo haré. ¡No pueden separarnos otra vez, no lo consentiré! ¡Debemos estar juntos, nos merecemos estar juntos…! Hemos pasado por demasiada mierda como para que ahora nos vuelvan a separar… Nieliah, tú eres mi vida entera, te amo como no he amado a nadie en mi puta vida. Si te pierdo, me perderé contigo. ¿Lo entiendes? No puedes irte con él y tirar todo lo que hemos construido juntos por la borda. —Zoren, temblando de ira, me acercó con suavidad hacia su pecho, abrazándome con fuerza mientras las lágrimas corrían sin descanso por sus mejillas—. Te necesito, joder… y Xandrel también, te ve como una madre y está muy unida a tus hijos, los considera sus hermanos pequeños… no nos dejes, no así… no ahora… te lo ruego, quédate conmigo, por favor…

—Me encantaría, de verdad… pero no puedo. Si estamos juntos, la gente nos mirará mal, hará comentarios ofensivos sobre nosotros y sobre nuestros niños… incluso podríamos desatar una guerra como la de la leyenda… No puedo permitir que eso suceda, no quiero que nos tachen de malditos, que digan que nuestra relación está prohibida… Soy la princesa elegida y debo traer la paz a los mundos, no más prejuicios, odio, rechazo y desgracias.

—¡Escúchame de una vez, deja de decir tonterías! Si nos miran mal, los ignoramos, si hablan mal de los niños, les damos una paliza, si desatamos una guerra, lucharé hasta mi último aliento protegiéndote… lo que digan los demás da igual, Nieliah. Lo que importa, lo que verdaderamente importa es que nos amamos con locura, que estaremos juntos y seremos los más felices del puñetero planeta porque nos tenemos el uno al otro y eso nos da fuerzas, nos da poder. Juntos podemos hacer posible lo imposible porque nuestro vínculo es irrompible.

—Te ha salido una rima. —Rio Nieliah aún entre lágrimas.

—Para que veas. Ahora en serio, mi amor, manda a ese elfo a tomar por saco, dudo mucho que él te pueda hacer tan feliz como te lo puedo hacer yo. —Zoren, ahora totalmente calmado, susurró esas palabras en mi oído, tratando de calmarme, ya que aún seguía llorando.

—Tarian es mi lugar seguro, Zoren. Junto a él puedo ser yo misma, me llena de paz, de seguridad, de esperanza… me entiende como nadie me ha comprendido en mi vida, me hace sentir valiosa y especial… con él todo es facilísimo, no hay que forzar nada porque sale solo.

—¿Y conmigo no? ¿Acaso yo no te hago sentir amada, valiosa, especial, segura…? ¿Acaso no puedes ser tú misma conmigo, no te sientes comprendida, sientes que hay que forzar algo? —dijo él en tono seductor mientras me daba pequeños besitos en el cuello. Sorprendida, gemí por lo bajo mientras pronunciaba su nombre.

—Dudo mucho que Tarian te ame como lo hago yo, seguramente él no te hace sentir esto y ¿sabes qué te digo? Que él no te haría ni la mitad de las cosas que sueño con hacerte yo si te dejas, porque es demasiado cobarde.

—No creo que sea cobardía, creo que es más bien timidez. Zoren, por favor, basta.

—¿No me va a responder usted, señorita?

—¿Cómo diablos quieres que te responda entre gemidos? ¡Para… de… una… vez!

Zoren rio y tras unos instantes, apartó sus labios de mi cuello, dejándome recobrar el aliento. Se dio cuenta de que me temblaban las piernas y me abrazó todavía con más fuerza para evitar que me cayese.

—Respondiendo a tus preguntas: Sí a todo, pero es distinto a cómo me siento con él, no sé explicarlo…

—Bueno, en ese caso, tendré que hablar con él y dejarle las cosas claras.

—¿Crees que podrás?

—Yo diría que sí.

—Buena suerte entonces. Y respecto a lo de hacerme cosas, me temo que no va a ser posible, lo siento.

—¿Pero besos puedo darte?

—Sí, pero solo uno. —Reí.

Zoren se acercó a mí y me besó suavemente para luego tornarlo apasionado. Mi respiración volvió a desbocarse mientras sentía un dulce calor abrasando mi pecho que me nublaba la razón y me impedía pensar. Movida por instintos ancestrales, le devolví el beso con el doble de pasión del que había recibido, desestabilizando a Zoren y haciéndonos caer de rodillas al suelo.

Instantes después, ambos nos separamos y nos miramos profundamente a los ojos.

—¡Vaya… no me esperaba eso! Sin duda eres mejor que yo besando. Muchas gracias por el beso —dijo él aún en el suelo y con la respiración entrecortada mientras me acariciaba el pelo con una mano y el rostro con la otra.

Le sonreí y le acaricié el cabello con ternura para luego decirle:

—Lo siento mucho, Zoren, te mereces a alguien mejor que yo.

IX
El pasado de selia

$\mathcal{M}$ ientras Zoren estaba con Nieliah, Selia se marchó sin decir una palabra, tenía un extraño presentimiento que no lograba quitarse de encima desde que Nieliah había ido sola a ver a Irine, por lo que decidió ir a visitarla, sabiendo que posiblemente habría enfrentamiento, pero aquello no le importaba en absoluto. Solo quería respuestas y venganza.

Cuando llegó a la prisión era ya de noche, por lo que supuso que todos estarían durmiendo, pero cuando llegó a la celda de la elfa, se dio cuenta de que ella aún estaba despierta, deambulando por la habitación.

Abrió la celda en sigilo y se coló en su interior cerrando tras de sí. Aprovechando la oscuridad de la estancia, se puso una túnica negra con capucha que llevaba en su mochila por encima de su ropa de diario y se puso la mochila en la espalda.

Luego se acercó a la elfa por detrás y la cogió de la muñeca con firmeza.

—Hola, Irine —dijo él con voz grave, tratando de contener la ira que le despertaba al verla.

—¿Quién eres? ¡Suéltame ahora mismo!

—Sabes muy bien que eso no va a pasar. Y ahora no tienes a Nieliah para defenderte.

—¿Quién rayos eres? ¡Responde!

—Soy tu peor pesadilla hecha realidad. Vas a pagar por lo que hicisteis. Puede que Niriax ya no esté, pero tú sigues viva y no te vas a librar tan fácilmente de tu destino.

—¿Qué quieres de mí? ¡Ya estoy cumpliendo condena!

—Eso a mí no me basta. Quiero venganza. Y respuestas.

—Está bien… ¿Qué quieres saber?

—¿Por qué destruisteis Etraia y Phyrae? ¿Y por qué pusisteis a los habitantes de Phyrae en contra de Nieliah?

—Respecto a la primera pregunta, quería evitarle una vida de dolor y sufrimiento a mi hermana, así que pensé que si destruía los mundos la metería en un callejón sin salida y así podría matarla más fácilmente y apropiarme del colgante sagrado para dominar los mundos restantes; en cuanto a la segunda pregunta, era más fácil acorralarla si no la dejaban permanecer en Phyrae, por eso esparcimos rumores falsos a pesar de que ambas vimos cómo se esforzaba Nieliah por salvar a Kader y a los niños que él protegía. Pero como siempre, nos superaban en número y el plan se quedó a medias.

—No tan a medias, Nieliah y su grupo fueron exiliados de Phyrae y de no ser porque entre sus miembros hay alguien con el tatuaje de acceso a Phyrae, no habrían podido volver.

—Algo es algo… pero no acabo de entender por qué querría ella volver ahí.

—Para encontrar respuestas.

—¿Ya tienes lo que buscabas?

—Todavía no… falta la parte divertida. Estás acabada, Irine. Di adiós a tus esperanzas de ver de nuevo a Nyeoni o a Nieliah. Pero no te preocupes, estarás con quienes más amas —y mientras decía esas palabras, Selia inmovilizó a Irine para después clavarle su daga en el corazón.

Fue todo tan rápido que Irine no tuvo tiempo de gritar, cayendo segundos después inerte al frío suelo de piedra, en medio de un gran charco de sangre.

Selia sacó la daga del cuerpo de la elfa y tras retirar la sangre del filo, la guardó nuevamente en su funda y la escondió en una de sus botas.

A continuación, se marchó con una sonrisa de triunfo en el rostro y pensó en una coartada mientras salía de la prisión. No se cruzó con ningún guardia y pudo volver tranquilamente a casa de Kithie.

Llegó sobre las cuatro de la madrugada y sabiendo que todos estarían dormidos, entró sigilosamente y se dirigió a su habitación para dormir.

Aquella noche soñó con su madre, quien le había entregado el libro de las premoniciones en su décimo cumpleaños, advirtiéndole que no se lo mostrara a nadie.

Asimismo, recordó su infancia, encerrado en aquella torre, mientras observaba el cielo desde su ventana, deseando poder salir y explorar el mundo que desconocía.

A los dieciocho encontró una forma de escapar de su prisión y por fin saboreó la libertad que tantos años le había sido negada.

Fue viajando por el mundo de los elfos hasta que un día conoció a Nayrish. Estaba cerca de una cascada, en una ciudad al sur de Elynd y sostenía a un bebé en brazos.

Selia se acercó a ella y la saludó cortésmente para luego preguntarle por una dirección, la elfa le indicó el camino, quedándose prendada de él en cuanto sus ojos se encontraron y se ofreció a acompañarlo.

Ambos se detuvieron en una posada y Selia la invitó a cenar como agradecimiento, fue una velada agradable para ambos en la que pudieron conocerse mejor. Descubrieron que tenían muchas cosas en común y prometieron volver a verse.

Después de la cena, Nayrish se marchó hacia una ciudad situada al norte mientras Selia pasaba la noche en la posada.

Transcurrieron cinco años sin que volvieran a encontrarse, en los cuales Selia buscó al Gran Sabio y le pidió que lo entrenara, para así volverse fuerte y vengarse de su familia, quien lo había mantenido oculto y aislado de la gente desde que nació.

El sabio, quien entendía perfectamente su dolor, accedió a tenerlo como su discípulo y lo convirtió en el mejor guerrero de Elynd. El proceso de entrenamiento fue largo y estricto, pero Selia demostró tener la suficiente perseverancia y resiliencia para superarlo con éxito.

Al concluir el entrenamiento, el gran sabio le habló del colgante sagrado y le dijo que debía encontrar y proteger a su portador, ya que el colgante tenía el poder de unir los mundos y restaurar la paz entre ellos. Tras esto, mentor y discípulo se despidieron y el joven príncipe partió hacia Etraia cruzando Phyrae, donde demostró sus habilidades en batalla y fue reclutado por la dinastía Sadair, portando el tatuaje de esta y habiendo hecho una alianza con los demonios, quienes juraron protegerlo y acogerlo siempre que fuera necesario.

Al llegar por fin a Etraia, pasó por casualidad por el lago de Vaitiare mientras exploraba. La ninfa estaba peinándose a las orillas del lago y cuando lo vio, le dedicó una dulce sonrisa y se acercó a él con movimientos gráciles.

—Buenos días, joven guerrero. Bienvenido a Etraia. ¿Qué te trae por aquí? —preguntó la ninfa con voz amable.

—Buenos días. Me llamo Selia, el Gran Sabio me ha encomendado la misión de proteger al portador del colgante sagrado, ¿sabes dónde lo puedo encontrar?

—Parece que está en el Bosque del Este, a punto de presenciar la Bendición Astral. Es una niña, se llama Nieliah. Pero deberías darte prisa, unas elfas muy poderosas la están persiguiendo y quieren apoderarse del colgante. Si ese colgante cayera en malas manos, estarían todos los mundos condenados.

—De acuerdo, gracias.

Y así, Selia se dirigió hacia el Bosque del Este, siguiendo las indicaciones de la ninfa. Pero al llegar, se llevó una sorpresa que jamás podría haber imaginado: Nayrish estaba embarazada e iba acompañada de Irine, a la cual conocía por diversos rumores que había escuchado a su paso por Etraia.

El joven ángel las observó desde la distancia, no conseguía recordar, pero algo en su interior le decía que él era el padre de la criatura que Nayrish esperaba.

Sin perderlas de vista, buscó a Nieliah. La halló en el corazón del bosque, rodeada de ángeles que se inclinaban ante ella. Pudo ver el colgante brillando en la distancia y lo reconoció al instante.

Selia siguió oculto, observando a las elfas mientras trazaba un plan para llevarse a su hija y proteger al mismo tiempo a Nieliah.

Oyó que la joven elegida tenía que superar una prueba de valor y después ser purificada en las aguas de un lago mágico cercano, por lo que la dejó con su séquito y centró su atención en las elfas que tenía un poco más lejos, intuyendo que estaban esperando el momento oportuno para atacar.

Sigilosamente, Selia se acercó a ellas, pillándolas desprevenidas. Irine se sobresaltó y se puso en posición de combate, sacando su espada y avanzando unos pasos para proteger a una pequeña elfa que las acompañaba, y que supuso que era la misma niña que Nayrish portaba en brazos cuando se conocieron. Nayrish, por su parte, le dirigió una mirada afectuosa y una cálida sonrisa, reponiéndose rápidamente de la sorpresa.

—Hola, cuánto tiempo sin verte, Selia. Qué guapo estás. ¿Me recuerdas? —dijo Nayrish.

—Como para no hacerlo, una belleza como tú no se olvida fácilmente.

Nayrish rio y calmó a Irine, que miraba a Selia con odio y de forma desafiante. Poco después, tomó la mano de Selia y lo condujo a un lugar apartado para poder hablar con él a solas.

—Supongo que no recuerdas nuestro último encuentro, ¿cierto?

—Lo único que recuerdo es el día que nos conocimos.

—Bueno, ya es algo. Me alegro de que recuerdes eso, fue un día muy importante para mí.

—¿Estás embarazada?

—En efecto. Es una niña. Y probablemente nazca hoy. Y es tuya, por cierto.

—¿Me puedes recordar cómo fue, por favor?

—Era una mañana de verano, coincidimos cerca de mi casa y pediste jugar con mi hermana menor, así que te invité a mi casa para que jugarais en un entorno seguro. Luego, tomamos el té juntos y te quedaste toda la tarde con nosotras, contándonos historias. Luego, te invité a cenar y pasamos la noche juntos. Me dijiste que me amabas y me llenaste de mimos. Y un mes y medio después, descubrí que estaba embarazada. Fue un día fantástico, no sabía que fueras tan bueno en la cama…

Selia rio mientras le acariciaba la mejilla con el pulgar, realmente no recordaba nada, pero no le importaba… solo quería verla feliz. Y ahora tenía un motivo para vivir.

Nayrish se puso de parto media hora después, dando a luz en el bosque a una preciosa niña con la ayuda de Irine y Selia. Él se quedó prendado de la pequeña nada más verla y juró protegerla. Irine le puso el nombre: Nyeoni. Los tres estaban muy felices, aunque a Irine le desagradaba la presencia de Selia y le pidió que se marchara, pero Nayrish insistió en que se quedara y lo retó a un combate de esgrima.

—Si me vences, podrás quedarte con Nyeoni. Tengo ganas de averiguar lo fuerte que eres —dijo Nayrish con una sonrisa para luego, indicarle a Irine que se mantuviera al margen. Irine obedeció, resignada, y los observó desde detrás de un árbol milenario.

El combate estuvo muy reñido, pero al final Nayrish se alzó con la victoria, dejando a Selia malherido.

—Buen trabajo, Selia. Es una lástima que no me hayas podido vencer, sin duda eres muy fuerte. Te deseo lo mejor, ojalá algún día volvamos a vernos. Por ahora, Nyeoni se viene con nosotras, si quieres que pase a tu cuidado, tendrás que vencerme. No te preocupes, estará bien cuidada, te enviaré cartas con fotos suyas y así la verás crecer. Es hora de despedirnos, hasta que volvamos a vernos, Selia —dijo Nayrish antes de reunirse con Irine y marcharse.

Selia conoció a Nieliah poco después, quien lo acogió y le curó las heridas. Rápidamente se encariñó con ella y descubrió que era a ella a la que debía proteger, por lo que no se separaría de su lado.

Durante su viaje, descubrió la valentía y la bondad de su protegida, lo que encendió una llama de admiración hacia ella en su corazón.

El tiempo junto a ella transcurrió rápido, con momentos duros, pero también instantes felices, que los unieron a un nivel que Selia jamás pudo haber imaginado. Por eso, cuando la princesa adoptó a sus pequeños en Phyrae, no dudó en apoyarla, siendo la figura paterna para ellos.

Tras el ataque de las elfas a Phyrae, Alne, una antigua conocida suya, se ofreció a cuidar de Nyeoni y Shiyue poco después de que las elfas fueran apresadas, ganándose la confianza de las elfas y fingiendo ser su amiga, aunque en realidad las despreciaba. Sin embargo, pertenecía a la corte de Elynd y contaba con el apoyo de la familia real. Cuando Alne descubrió que Selia era el príncipe perdido, le juró lealtad y se convirtió en su vasalla en secreto.

—La pequeña Nyeoni es hija mía, te encargo su cuidado —le dijo Selia.

—Contad conmigo, señor.

Tras la expulsión de la princesa de Phyrae y la disolución del grupo, Selia investigó en secreto sobre las causas de esta, sin embargo, toda la información que logró reunir se basaba en rumores y no logró dar con ninguna razón de peso convincente. Antes de partir, se puso en contacto con Zel e hizo una alianza con él para poder volver a su mundo. Zel y los suyos sabían que Nieliah era inocente, y que había ayudado en todo cuanto había podido. Para ellos, el desterramiento era fruto de la envidia y se basaba en rumores sin fundamentos de aquellos que querían ser como ella, pero que no lo habían conseguido.

Tras la alianza con Zel y los suyos, Selia se mantuvo siempre al lado de la joven elegida, respetando y apoyando sus decisiones, ofreciéndole consejos y mostrándole el mundo desde otro punto de vista.

Poco a poco, un sentimiento que descubrió junto a Nayrish, se adueñó de su corazón de nuevo, esta vez, su corazón latía por su protegida. Sin olvidar a su primer amor y sabiendo que era un amor imposible, decidió seguir adelante, jurándose proteger a ese pequeño ser de luz con su propia vida si era necesario.

Sin embargo, no todo iba a ser un camino de rosas para la joven elegida, puesto que la traición de sus compañeros cegados por la ira supuso un gran golpe emocional para ella. Los que permanecían a su lado, también estaban dolidos por las traiciones, y estaban decididos a vengarse. Por ello, cuando llegaron a Faerya y perdieron a dos miembros más, Selia agudizó sus sentidos, pendiente en todo momento de su entorno.

Sin embargo, nadie vio venir la tragedia que los azotaría poco después y que los pilló completamente por sorpresa.

Tras la pérdida de Kiriah, la moral de la princesa cayó en picado y tardaron mucho en volver a verla sonreír.

El grupo iba perdiendo la esperanza poco a poco, pero ninguno de ellos lo exteriorizaba, pues no quería preocupar más a sus compañeros.

Tras visitar la cueva iridiscente y obtener la gema, el grupo conoció a Aerinne, la guardiana de los archivos secretos de Faerya, quien le reveló a la princesa la identidad del Gran Sabio y de su madre y le aconsejó viajar hasta Elynd para encontrarse con Tarian, quien podía proporcionarles respuestas.

Tras la visita al elfo, la semilla de los celos germinó en el corazón de Selia, generando una actitud de desconfianza hacia él y de sobreprotección hacia la princesa.

Cuando volvieron a Phyrae y encontraron al fénix, la desconfianza y los celos se volvieron más latentes en Selia, siendo ahora notorio su desasosiego. Para su sorpresa, descubrió que tanto Reyah como Saryah también actuaban vacilantes y desconfiadas cerca del joven fénix, que solo tenía ojos para la princesa. También se percató de que Choa estaba más que conforme con la cercanía del fénix al grupo y a la princesa, que parecía querer recuperar el tiempo perdido y no separarse de él.

Mientras Zoren y Nieliah visitaban la cueva ardiente para obtener el ópalo de fuego y descubrían información acerca de la dinastía Sadair y el paradero de Seniel, el resto del grupo se enfrentaría a unas pruebas que determinarían quiénes eran dignos de conocer dicha información, resultandos vencedores Choa y Selia.

Y así, el grupo se separaría de nuevo, dejando a Reyah y Saryah en Phyrae mientras Zoren y su hija adoptiva Xandrel se unían a ellos.

Selia, no conforme con la situación, pelearía con Nieliah y partiría en solitario hacia Elynd, encontrando el paradero de Seniel para después reunirse con él y descubrir que era hijo suyo y que la que hasta ahora había sido su protegida, era en realidad su hermana menor al igual que Irine.

Selia enfureció al enterarse y retó a su padre a un duelo mágico, el cual acabaría perdiendo, teniendo que aceptar con resignación la información que este le había brindado.

—¿Cómo sabías que Nieliah era tu hija? —preguntó Selia.

—Recibí una carta de Airis donde me informaba de ello, pidiéndome que quemara la carta después de leerla. Y así lo hice.

—¿Cuándo recibiste esa carta?

—Hace diecisiete años, semanas antes de la Bendición Astral.

—Nieliah es la elegida para restaurar la paz a todos los mundos poque porta el colgante sagrado. ¿Lo sabías?

—No, de eso me entero ahora. Gracias por decírmelo, hijo.

—Parece que tu pequeña es más especial de lo que pensábamos, querido —dijo Kithie sonriendo.

—¡Desde luego!

—Por cierto, Selia… me gustaría presentarte a mis hijos: estos son Berai y Kaelwe. Kaelwe también es hermana tuya.

—Encantado de conoceros —dijo Selia saludándoles cuando se acercaron a ellos.

Selia se quedó unos meses con ellos, hasta que recibieron la visita de Nieliah junto a Airis, Adiel, Enya, Zoren, Choa y los niños.

Tras la reunión familiar y que Nieliah descubriera la verdad, se dirigieron a ver a Irine donde el grupo conoció a Nieony, quien también visitaba a la prisionera y que poco después, se iría con Alne.

Selia se despertó al día siguiente cerca del mediodía y se unió al grupo para comer. Todos le preguntaron dónde había estado, a lo que él respondió que estuvo disfrutando de un paseo nocturno.

X
Tercera prueba: el lago infinito

asaron quince días hasta que el grupo recibió la visita de un enfurecido Genkor, exigiendo justicia por la repentina muerte de su sobrina.

Seniel lo echó de allí, acusándole de mentiroso, pero Genkor no se inmutó y seguía exigiendo la aparición del culpable. Nieliah trató de tranquilizarlo y le pidió que la llevase ante el cuerpo de su hermana, a lo que él accedió pese a la negativa de Seniel.

De modo que el grupo se encaminó hacia la prisión y le pidieron a uno de los guardias que los llevase hasta la fallecida. Tras llegar a la celda, Nieliah se acercó despacio y examinó el cadáver, percatándose de que había recibido una puñalada en el pecho. Con tristeza, se apartó de ella y regresó con sus compañeros.

—Puede haberse tratado de un suicidio —dijo el guardia.

—Pero eso no tiene sentido... me dijo que quería salir de aquí para cuidar de la niña —respondió Nieliah perpleja.

—No solía tener buenas conductas aquí dentro, siempre amenazaba con matarnos si algún día salía. Todos aquí la odiábamos. Con la única que era amable era con esa niña.

—¿Habéis sido vosotros quienes habéis avisado a mi tío? —preguntó Selia.

—En efecto. Ella misma nos pidió cuando la encerramos que avisáramos a Genkor si sucedía algo. Parece ser que estaban muy unidos.

—Gracias.

Tras despedirse de ella, el grupo se marchó de vuelta a casa de Kithie, convencidos de que había sido un suicidio, no la creían capaz de aguantar los cinco años que le quedaban en prisión. Solo Genkor se quedó con ella, escuchando las palabras de los guardias.

Selia sonrió para sus adentros, feliz de que nadie sospechara de él y se dedicó a consolar a Nieliah, quien estaba visiblemente afectada.

Cuando llegaron a casa de Kithie, le dieron la noticia a Seniel, quien aún no daba crédito a lo sucedido, pensando que Genkor había mentido.

Kithie y sus hijos lo abrazaron, tratando de consolarlo, pero a él solo le importaba el bienestar de

Nieliah, quien se había refugiado en brazos de Selia y Zoren, llorando desconsolada.

Choa y Kaelwe hicieron galletas de canela mientras Berai preparaba chocolate caliente para tratar de levantar los ánimos de todos.

Nieliah agradeció enormemente la merienda y tras tomarse una taza de chocolate y unas galletas, empezó a sentirse mejor y poco a poco, fue volviendo a sonreír.

Tras darles un afectuoso abrazo a los tres y un beso en la frente, fue a visitar a Tarian, quien hasta ahora seguía dormido, pero cuando la princesa se acercó a su camilla y le retiró con delicadeza un mechón del rostro, el elfo abrió los ojos y la miró con ternura.

—Nieliah... —dijo él en un susurro.

—Hola, Tarian. ¿Cómo te encuentras?

—Me duele mucho la cabeza, no recuerdo qué ha pasado.

—Kithie puede darte las respuestas que buscas, voy a avisarla, espera aquí.

Nieliah salió de la estancia y fue en busca de la hechicera.

—Tarian ha despertado —anunció cuando se hubo reunido con todos en el salón.

Kithie fue enseguida a verlo seguida de la princesa, mientras Zoren jugaba con los niños, visiblemente molesto. Selia y Berai tampoco estaban muy contentos con la noticia y se alejaron de Choa, Kaelwe y Seniel para hablar entre ellos. Mientras tanto, ambas mujeres consolaban a Seniel, quien estaba más serio y callado que de costumbre.

Cuando llegaron junto a la camilla del elfo, este extendió la mano hacia la princesa, quien entrelazó tímidamente los dedos con los suyos mientras Kithie le hacía pruebas con su magia.

Tras media hora, la diablesa finalmente preguntó:

—¿Qué recuerdas, Tarian?

El elfo parecía dudar y una expresión de confusión se instaló en su rostro mientras acariciaba con el pulgar el dorso de la mano de la princesa. Tras inhalar profundamente, respondió:

—Recuerdo con nitidez todo desde que conocí a Nieliah, pero no recuerdo absolutamente nada de antes de conocerla.

—¿Y qué sientes por ella? —preguntó Kithie.

—La amo inmensamente, desde lo más profundo de mi corazón. Solo quiero que sea feliz, incluso si no está a mi lado.

—Entiendo. Tarian, debes saber que ella no te recuerda, dice que eres extremadamente importante para ella, pero no logra recordar nada sobre ti y le resulta muy confuso tenerte cerca porque tampoco sabe lo que siente cuando estás cerca.

—Eso no es cierto. Gracias a Zoren he recuperado la memoria —dijo la princesa.

—¿Nieliah, ¿tú qué sientes? ¿Con quién te pide el corazón que estés? —preguntó el elfo mientras miraba a la princesa directamente a los ojos.

—Yo amo a Tarian, y quiero estar con él pase lo que pase —dijo ella entre lágrimas.

Kithie la abrazó mientras le acariciaba el pelo con ternura, sabía lo difícil que estaba siendo todo para ella y la confusión que atormentaba sus pensamientos sin descanso.

Mientras la princesa era abrazada por Kithie, Tarian las observaba desde la camilla con profunda alegría de saber que era correspondido. Se sentía empoderado, feliz y pleno. Sin embargo, una idea cruzó repentinamente su mente, haciendo que se levantara de golpe y se acercara a la princesa desde atrás. En un intento desesperado por calmarla, Tarian puso la palma de su mano derecha sobre la cabeza de Nieliah, proyectándole con su magia un lugar hermoso y tranquilo, lleno de aves de todos los tamaños y colores que cantaban al unísono mientras un murmullo de una suave corriente de agua se escuchaba en la lejanía.

Nieliah se vio envuelta en aquel paraje paradisiaco y se sentó en el suelo, sintiendo las caricias de la hierba sobre su piel. Luego cerró los ojos y se centró en el cantar de las aves, que ahora revoloteaban a su alrededor en círculos.

Sin darse cuenta, había caído en un profundo sueño en el que notaba la presencia de Tarian a su lado. Confundida, la princesa extendió la mano y segundos después notó cómo la mano suave de Tarian se entrelazaba con la suya.

—Ten fe en ti misma, estás muy cerca de lograr controlar tus poderes. Tan solo persiste un poco más —le dijo el elfo al oído.

—No puedo hacerlo sola, tengo mucho miedo —respondió ella en un susurro.

—No estás sola, nos tienes aquí. Pero debes afrontar ese miedo, debes encontrar las respuestas por ti misma. Esto es algo que solo tú puedes hacer, mi vida. Nosotros solo podemos observarte desde fuera. Por favor, no te rindas.

Cuando Nieliah abrió los ojos, las lágrimas empezaron a fluir de ellos sin que pudiera contenerlas.

Vio que Kithie ya no estaba con ellos y que Tarian la abrazaba gentilmente desde atrás.

—¿Qué ha sucedido? ¿Dónde está Kithie?

—Tranquila, Kithie ha vuelto al salón. He intentado darte tranquilidad con mi magia, parecías muy alterada.

—Gracias, Tarian. Creo que la única manera de encontrar las respuestas que busco es sumergirme en el lago Infinito. No sé por qué, es una corazonada, pero creo que, si viajo hasta el fondo del lago, quizá encuentre lo que busco.

—En tal caso, iré contigo. No permitiré que vayas sola.

—Gracias. Creo que también deberían venir Berai y Zoren. Algunas de las preguntas que tengo están relacionadas con ellos.

—No me hace especial gracia que vengan, la verdad. Pero si tú los necesitas, supongo que podría quedarme bastante alejado de ellos.

—¿No os lleváis bien?

—No me llevo bien con los demonios —admitió él.

—Yo tengo sangre de uno.

—Lo sé, pero tú eres especial, Nieliah.

—Más bien creo que tú me ves con muy buenos ojos.

—Veo la verdad, simplemente. Yo conozco tus poderes, sé cómo eres en realidad. Puedo ver a través de tus miedos, conozco todos tus deseos y ambiciones.

—¿Y cómo es posible?

—Porque conecté con tu alma y ella me mostró tu subconsciente. Por eso créeme cuando te digo que todo estará bien, solo cree en ti. Siempre me tendrás a tu lado.

Nieliah sonrió aún entre lágrimas y lo abrazó.

Tras hablar con el grupo, Nieliah se fue a su habitación a cambiarse y prepararse para el viaje.

Optó por un vestido blanco largo hasta los tobillos de línea A, manga larga y cuello cuadrado con diamantes de imitación en la cintura bajo el que llevaba un bañador de volantes blanco y unas sandalias romanas en dorado. Acto seguido, se hizo un recogido alto y envolvió la base con una trenza.

Cuando estuvo lista, se reunió con sus compañeros en el salón, donde también estaban Kithie, Seniel, Berai y Kaelwe. Tarian los observaba desde el pasillo.

—Partiré dentro de veinte minutos, si alguien más aparte de Tarian, Berai y Zoren quiere acompañarnos, ahora es el momento de decirlo —dijo Nieliah decidida.

Kaelwe y Choa levantaron la mano a la vez y tras obtener la aprobación de la princesa, se colocaron cada una a un lado de ella.

—Buena suerte —dijo Seniel sonriéndole a su hija mientras Kithie miraba al grupo que iría con ella con una mezcla de tristeza e impotencia.

El grupo partió hacia el lago infinito tras despedirse. El ambiente estaba tenso y nadie habló por el camino. Tarian le había cogido la mano a Nieliah para infundirle fuerzas, pero ella seguía seria. Parecía inmersa en sus pensamientos y era muy difícil sacarla de ese estado, por lo que Tarian simplemente caminó junto a ella en silencio.

Zoren, Berai, Choa y Kaelwe iban juntos unos pasos más atrás. Los chicos comentaban entre ellos lo preciosa que estaba Nieliah y las ganas que tenían de darle un beso a esa diosa que los volvía locos. Las chicas por su parte rezaban para que todo saliese bien y Nieliah encontrase lo que buscaba mientras fantaseaban con cómo sería la boda de Nieliah y debatían con quién se terminaría quedando.

Cuando llegaron al lago, Nieliah se descalzó y se quitó el vestido mientras Berai iba a por el equipo de buceo.

Cuando el chico volvió, le ayudó a ponerse las gafas y las bombonas de oxígeno, luego le guiñó un ojo y se acercó a su hermana y a Zoren, mientras ella caminaba hacia la orilla del lago, dispuesta a sumergirse.

Tarian lo observaba todo desde la orilla y cuando la princesa desapareció de su vista, cerró los ojos y se sentó con las piernas cruzadas, tratando de mantener la mente en blanco, creyendo ciegamente en ella. Deseó con todas sus fuerzas que lograra encontrar las respuestas a todas sus preguntas y volviera completa, más fuerte, más sabia, pero, sobre todo, que volviera viva.

Berai intuyó lo que Tarian intentaba y les pidió a sus compañeros que creyeran en Nieliah.

Zoren se sentó en el suelo, seguido por Kaelwe y Berai para luego cerrar los tres los ojos y poner la mente en blanco, deseando con todas sus fuerzas que Nieliah encontrara lo que buscaba y volviera con ellos.

Sin darse cuenta de los cuatro emanó una intensa luz que se dirigió al lago y se perdió en las profundidades.

Nieliah

Tras sumergirme en el lago Infinito, empecé a descender hasta que fui envuelta en una profunda oscuridad. Siguiendo mi instinto, seguí adentrándome más y más en las profundidades del lago y cuando la presión empezaba a afectarme, una intensa luz me guio hasta una cueva situada un poco más abajo.

Cuando entré en ella me sorprendió la cantidad de luz que había. Avancé hasta el centro de la cueva, donde una hermosa ninfa de largo cabello castaño claro, tez chocolate, grandes ojos verde musgo con largas pestañas y labios en forma de corazón bailaba grácilmente. Su vestido largo ondeaba a cada movimiento, rozando el frío suelo.

—Bienvenida seáis, joven elegida. Os estaba esperando —dijo la ninfa acercándose a mí.

Cuando estuvo enfrente mía, me quitó las gafas e indicó que podía hablar.

—Buenas tardes, ¿qué lugar es este? ¿Quién sois?

—Os halláis en el santuario Halyanis. Soy Haiel, guardiana de este lugar.

—Es un honor conoceros, guardiana Haiel. Vengo en busca de respuestas, quizá podáis ayudarme.

—Lo sé. Tengo las respuestas que buscáis, sin embargo, deberéis superar una prueba primero como muestra de vuestra valía. Si la superáis, obtendréis todas las respuestas que buscáis. Pero si fracasáis, perderéis vuestras alas, vuestros recuerdos y la gema que portáis, convirtiéndoos en una mortal.

—¿En qué consiste la prueba?

—Debéis escanear esta cueva con la energía de vuestra gema y traerme cinco piedras de cuarzo blanco. Pero cuidado, si la cueva se derrumba, desapareceré y habréis fallado. Solo tenéis un intento y media hora para traerme las gemas. Podéis guardarlas en esta cajita de aquí. Buena suerte —dijo la ninfa entregándome una cajita de plata con el grabado de un dragón en la tapa y varios utensilios para sacar las gemas.

—De acuerdo.

La ninfa sonrió y extendió una de sus manos señalando la entrada a un pasadizo.

«Esto es gigante, espero encontrar las piezas de cuarzo a tiempo» pensé mientras cerraba los ojos y conectaba con la gema.

Me encaminé a paso ligero al interior del pasadizo y abrí los ojos. Caminé despacio por el pasadizo, prestando atención a mi alrededor y a la gema. Sin embargo, no veía ningún cristal de cuarzo y la aguamarina tampoco reaccionaba.

Deambulé varios minutos por cruces y pasillos hasta que encontré las dos primeras piezas de cuarzo. Las retiré con la máxima delicadeza que pude y las guardé dentro de la caja.

Cuando terminé de guardarlas, sentí que me mareaba y que me costaba mantenerme en pie. Me apoyé a la pared para no caerme e inhalé profundamente, pidiéndole fuerzas a la aguamarina.

Sentí el brillo de la gema y noté cómo me volvía la claridad y el equilibrio. Decidí seguir buscando y me apresuré a explorar los túneles que me quedaban más cerca, no encontré lo que buscaba en esos pasillos y tuve que deambular un buen rato más hasta encontrar otros dos cuarzos. La debilidad me atacó de nuevo al extraerlos y esta vez caí de rodillas. Traté de levantarme, pero no fui capaz. Sentí que me ahogaba y cerré los ojos en un intento desesperado de recuperar la calma.

Escuché la voz de Tarian en mi cabeza, resonando como un eco infinito:

«Resiste, Nieliah. Estamos contigo. Haz una cuenta atrás partiendo desde diez y cuando llegues a cero, respira profundamente y piensa en nosotros».

Siguiendo las indicaciones de Tarian, recuperé fuerzas sin saber muy bien cómo. Cada vez que extraía un cuarzo, mi cuerpo se debilitaba y, de alguna manera, eran mis acompañantes los que impedían mi muerte.

Me levanté con dificultad y fui en busca del último cuarzo. Finalmente lo encontré y fui a entregarle la caja a Haiel, desmayándome a sus pies poco después.

XI
Tercera revelación: el despertar de Nieliah

Me vi envuelta en un suave resplandor azul y cuando por fin pude abrir los ojos, me encontraba de pie en un inmenso prado repleto de lavanda. El aroma llenaba mis pulmones y sentí que mi cuerpo se relajaba, dando paso a un estado de extraño duermevela, como si alguien me empujara hacia un profundo sueño, pero no fuera capaz de dormirme.

En ese instante, un torrente de información pasó por mi mente a cámara lenta, permitiéndome observar su contenido para luego replicarse como un eco en mi cabeza respondiendo mis preguntas con frases breves:

«¿Quién soy en realidad? La única capaz de salvarnos. ¿Para qué sirve mi poder? Calma a la gente. ¿Qué siento hacia Zoren? Admiración. ¿Cuál es la verdad sobre Berai? Berai no te ama, te utiliza. ¿Cómo controlo mis poderes? Controlando tus emociones. ¿Cómo devuelvo la paz y la esperanza a los mundos que han sido destruidos? Colabora con los elfos. ¿Quién me guiará hacia la victoria? Tarian. ¿Qué pasó en realidad con Auriel y Kadniel? Fueron castigados, alma impura. ¿Debo ir a Hidiex? Si vas, no podrás volver. ¿Cómo me ve Berai? Amplificador de habilidades. ¿Irine dijo la verdad? Sí. ¿Cómo murió Irine en realidad? Asesinada. ¿Cómo desato todo mi potencial? Trabajo en equipo. ¿Cuál es el camino correcto? El que te indique tu corazón. ¿Podrá Airis recuperar la memoria? Sí, pero no completamente. ¿Habrá peligros en un futuro cercano? No, solo paz. ¿Entonces qué debo hacer? Confía en ti misma, eres más fuerte de lo que imaginas».

Cuando la voz cesó, fui arrastrada por la corriente mientras seguía una luz blanca hasta la orilla del lago, donde me esperaban mis compañeros.

Estaban todos sentados en el suelo, con las piernas cruzadas y los ojos cerrados.

No me había percatado durante el ascenso a la superficie, pero ahora que estaba en tierra, me sentía más fuerte, más confiada, más ligera y sensible a mis emociones y a mi entorno. Sentía que era capaz de lograr cualquier cosa que me propusiese, como si la debilidad que me había atacado al extraer los cuarzos hubiese desaparecido.

Me dirigí en silencio a la caseta de Dyrania para devolverle el equipo de buceo y me puse la ropa que había traído para luego reunirme con el grupo y besar suavemente los labios de Tarian mientras le acariciaba el pelo.

El elfo abrió los ojos y me observó completamente asombrado mientras me dedicaba una radiante sonrisa. Luego me abrazó y me dijo:

—Estoy muy orgulloso de ti, lo has logrado. Y, por cierto, estás preciosísima.

—Muchas gracias, Tarian. Pero no sé a lo que te refieres.

—Mira tu reflejo en el lago —respondió él.

Me acerqué al lago de nuevo y tras observar mi reflejo, no pude contener una exclamación de asombro: ahora mi pelo era completamente blanco, mis ojos se habían aclarado a un blanco perlado, mi piel estaba más blanca y mi cuerpo más delgado, tonificado y definido. La aguamarina era más brillante, aunque había menguado notablemente de tamaño.

Los demás habían abierto los ojos al escuchar mi voz y soltaron al unísono una exclamación de asombro, maravillados por la escena.

—Tarian, me gustaría hablar contigo cuando volvamos a casa de Kithie —le oí decir a Zoren, a lo que Tarian asintió.

Cuando llegamos a casa de Kithie, me quedé hablando con mi padre mientras ellos dos hablaban en el exterior de la vivienda.

Zoren

Conduje a Tarian hasta el exterior de la casa y nos dirigimos hacia un parque cercano desde donde se veían las cascadas del lago. Tras sentarnos en un banco, Tarian me preguntó con apatía:

—¿Qué quieres, Zoren?

—Vengo a ponerte los puntos sobre las íes. Seré breve: Nieliah es mía, así que, por favor, aléjate de ella y deja de marearla. No vengo con ganas de gresca, pero voy a hacer lo imposible por proteger a los míos, aunque ello conlleve enfrentamientos, me dará exactamente lo mismo —le dije serio, pero con voz calmada y firme.

—Eso debería decidirlo ella, no nosotros.

—Ella ya ha decidido, y he ganado yo. No tienes ninguna posibilidad contra mí, acéptalo y ríndete. Seguramente encuentres a alguien que te ame incondicionalmente y te acepte como realmente eres, pero no será ella.

—Porque tú lo digas. No voy a rendirme, voy a luchar hasta el final porque sé que ella me ama, me lo ha demostrado infinidad de veces. Y no descansaré hasta que oiga de su propia voz que tiene a alguien más.

—Está loca por ti, pero tú no puedes darle lo que le puedo dar yo. La conozco desde que ambos éramos pequeños, sé sus miedos, sus fortalezas, sus sueños, sus metas, sus debilidades, sus complejos… y te puedo asegurar que la entiendo mucho mejor de lo que jamás puedas llegar a imaginar. Hemos vivido juntos muchísimas cosas y no voy a dejar que me la arrebates. Mi hija la considera su madre, somos su familia. No tienes oportunidad contra eso.

—Puede que tengas razón, pero mi alma ha estado conectada a la suya desde que nos conocimos, sentí sus emociones como propias desde el principio, conozco su verdadero potencial y sus poderes, algo que tú no. Yo puedo lograr que consiga todo lo que desea, porque creo ciegamente en ella, algo que tú solo haces a medias porque tan solo te mueves por interés. Puede que tú la conozcas mejor que yo, y que la ames con locura, eso no te lo discuto. Pero amar no es simplemente quererse mucho, es priorizar el bienestar físico y emocional del otro por encima del propio, es empatizar, comprender, respetar… es compromiso y sacrificio diario, es dedicar tiempo de calidad a la otra persona, es comunicación asertiva, es compartir valores y objetivos comunes, tener un plan de futuro juntos, practicar la escucha activa, es tener una vida propia fuera de la relación, dar espacio, respetar decisiones tanto colectivas como individuales, mejorar y crecer juntos todos los días, es valorar y sentirte valorado, es sacar lo mejor de la otra persona, es ser un lugar seguro para ella y darle seguridad, estabilidad y calma. ¿Crees que tú haces eso por y con ella?

—Quizá no todo, pero la mayoría de las cosas sí.

—Pues yo lo hago todo.

—¿Tú consigues hacer que abrace a su niña interior y al mismo tiempo se sienta una mujer deseada y empoderada?

—Por supuesto. Conmigo es niña y mujer a la vez.

—¿Cómo se siente ella cuando la besas?

—No lo sé, no nos hemos besado todavía.

—Pues quizás deberíais probar.

—No voy a hacerle nada en contra de su voluntad. No soy como tú.

—Créeme que, si la vieras con la misma luz con la que la veo yo, no podrías dejar de besarla fantaseando con hacerle cosas.

—Eso se llama deseo, no amor. ¿Lo ves? No eres el indicado para ella, en cambio yo sí, porque no la veo como un objeto para darme placer, sino como la mujer maravillosa, increíble y valiente que realmente es. Deja de perder el tiempo y búscate a otra. —Acto seguido, Tarian se marchó, dejándome con la palabra en la boca y temblando de ira.

Me mordí con fuerza el labio inferior y apreté los puños con rabia antes de alejarme de aquel lugar y volver a casa de Kithie. Cuando llegué, encontré a Nieliah besándose con Tarian en una esquina del salón vacío.

Lágrimas de dolor, frustración e ira inundaron mis ojos de nuevo. Sintiéndome roto, miserable e impotente, me alejé de allí en busca de Xandrel, dispuesto a irme de allí para siempre y dejando que ellos disfrutasen de una nueva vida juntos. Sin embargo, Nieliah gritó mi nombre haciéndome parar en seco y se acercó corriendo a mí para abrazarme.

—Perdóname, por favor. Has hecho todo lo que has podido, lo has hecho genial. Lo digo en serio. Pero no puedo estar contigo, no de la forma que tú quieres. Tarian me ha contado la verdad y me ha abierto los ojos, me he dado cuenta por fin de que es con él con el que realmente quiero pasar el resto de mi vida. Pero quiero que sepas que no te olvidaré nunca, y a Xandrel tampoco. Ojalá podamos seguir siendo amigos y puedas encontrar a alguien que te haga tan feliz como te mereces.

—El que lo siente soy yo. Sed muy felices. Siempre podrás contar conmigo.

Tras despedirme, recogí a Xandrel y le expliqué la situación, añadiendo que debíamos irnos lo antes posible. Ella asintió con lágrimas en los ojos, me abrazó con fuerza y fue a despedirse de la que hasta ahora había sido su familia.

—Nos volveremos a ver algún día. Gracias por todo Nieliah, Saelia, Mikel y Enyd. Jamás os olvidaré. Sed felices, por favor. Os quiero mucho. —Escuché las palabras de despedida de mi hija desde el pasillo, mientras sentía que mi corazón se rompía en mil pedazos de nuevo.

Ambos nos alejamos de allí y emprendimos el camino de regreso a Phyrae. Ninguno de los dos dijo nada durante el trayecto, absortos en nuestros pensamientos mientras tratábamos de asimilar lo ocurrido.

Cuando llegamos a nuestro destino, fuimos a saludar a Zel, el cual estaba con Reyah en su cantina. Estaban hablando entre ellos mientras él flirteaba con ella descaradamente, haciéndola reír a carcajadas. Luego, Reyah le dio una palmadita en el hombro antes de robarle un beso y venir hacia nosotros.

Zel se llevó los dedos a los labios mientras sonreía ampliamente, parecía completamente enamorado. En cuanto nos vio, nos saludó desde lejos, con la mirada fija en Reyah.

Después fuimos al castillo Sadair, donde Nariel y Saryah estaban atendiendo a los bebés. Tras una conversación rápida con Saryah, descubrimos que se había casado con Nariel hacía tres meses y estaba embarazada.

Tres años después, encontré a la mujer de mi vida: una diablesa cuatro años menor que yo. De larga y ondulada melena rosa pastel, piel ligeramente rosada y ojos rasgados color cian. Era alta, atlética y delgada. Su cuerpo presentaba suaves curvas que lucía con orgullo vistiendo ropa ajustada y tacones altos de aguja. De carácter tranquilo, cariñoso y aventurero, Haein Moonlight siempre sabía qué decir y hacer para que tanto Xandrel como yo nos sintiéramos bien. Con ella todo fue fácil desde el principio, nos entendíamos con tan solo una mirada, me sentía amado, valorado y especial junto a ella y me enternecía enormemente cómo trataba a Xandrel y lo que se esforzaba para que la considerase su madre.

Ahora sentía que mi vida tenía sentido por fin, que, gracias a ella y a su amor, había podido dejar atrás el pasado, manteniendo a Nieliah como un precioso recuerdo y viéndola con una nueva luz: la de la gratitud.

Haein, Xandrel y yo vivíamos juntos y pasábamos los fines de semana visitando nuevos lugares y haciendo actividades en familia.

Poco a poco el recelo y la desconfianza de Xandrel hacia ella fue disminuyendo a medida que pasaban tiempo juntas, hasta que dos años después, la aceptó como su nueva madre y empezó a llamarla como tal.

Eso hizo que Haein rompiese a llorar de alegría y la abrazara con fuerza, llenándola de besos.

Las miré enternecido y sonreí. Al fin éramos una familia.

Haein y yo uniríamos nuestras vidas para siempre tres años más tarde en una ceremonia íntima y secreta, con la única presencia de mis suegros y Xandrel para meses después dar la bienvenida al mundo a unos preciosos mellizos de los cuales nos enamoramos los cinco prácticamente al instante. Fue Xandrel quien les puso nombre: Zyron y Xaerenyss.

XII
Campanas de boda

os meses antes del decimotercer cumpleaños de Saelia, Tarian le propuso matrimonio a Nieliah. Llevaban dos años siendo pareja oficial y Tarian había demostrado con creces ser mejor padre de lo que habían sido Selia y Zoren. Los niños le adoraban y siempre buscaban su compañía, le hacían regalos y eran sus cómplices para darle regalos a su madre y planificar escapadas familiares.

Saelia incluso iba de tiendas con su hermana y su madre para renovar el vestuario de esta última y así fomentar aún más su atractivo, amor propio y confianza.

Mikel, por su parte, disfrutaba entrenando con Tarian para ayudarle a cocinar mientras planeaban juntos la próxima escapada familiar.

Tarian se desvivía por los cuatro y eran su motivo para vivir y ser la mejor versión de sí mismo.

Gracias a ellos, Tarian superó sus batallas internas, sus miedos y sus complejos para convertirse en el pilar de su familia.

Con la bendición de Seniel, Kithie y Selia, la pareja, comenzó con los preparativos de la boda, que se celebraría cuatro meses después.

Con Selia y Airis como acompañantes de los novios hacia el altar, Kaelwe de dama de honor, Enyd como portadora de los anillos y Kithie como oficiante, la ceremonia dio comienzo junto al lago con la cascada más grande de Elynd.

Asistieron: Berai con Kaiaria, Zoren con Haein y Xandrel, Adiel, Violet, Choa, Reyah con Zel y Saryah con Nariel.

Nieliah llevaba un vestido largo de corte princesa con mangas largas abullonadas de encaje, profundo escote en v, pedrería en la cintura y una larga cola. Llevaba el pelo suelto con suaves ondas y una preciosa tiara que Adiel le había regalado. El maquillaje que llevaba había sido hecho por Airis: sombra dorada con brillo con un toque ahumado, fino delineado de gato, iluminador en la frente, nariz y barbilla y pintalabios satinado burdeos.

Tarian, por su parte, llevaba un esmoquin blanco con corbata plateada y unos zapatos de vestir metalizados, también en plata. Se había recogido el cabello en una coleta baja, que había adornado con un lazo gris claro de seda.

Selia y Airis iban de azul marino, Kaelwe de malva, Enyd de rosa y Kithie de turquesa. Los invitados tenían carta blanca para venir como quisieran.

Tras una emotiva ceremonia que uniría a las estirpes de Tarian y de Nieliah para siempre bajo la melancólica mirada de Zoren y Berai, quienes se refugiaban en sus parejas, alejados del resto.

Kaiaria y Haein miraban asombradas la belleza de la pareja recién casada, abrazando con ternura a sus hombres. Sin embargo, la elfa se quedó con la mosca detrás de la oreja con las actitudes de Selia, quien, tras la finalización de la ceremonia, se había acercado a ellos para consolar a Berai, dedicándole palabras de aliento y gratitud por asistir a la celebración, pero que ella percibió como frías y falsas.

Mientras Xandrel iba a abrazar a Saelia, Mikel y Enyd, Haein se acercó a felicitar a la pareja y se presentó respetuosamente ante ellos.

La celebración se alargó hasta que una hermosa luna llena se instaló en el cielo, acompañada de miles de estrellas que hacían que la noche fuera todavía más mágica.

Los recién casados se despidieron de los invitados y dieron las buenas noches a sus hijos, que se quedarían con Adiel y Airis mientras la pareja disfrutaba de su luna de miel.

—Gracias por acompañarme en este día tan especial, hermanita —dijo Nieliah mientras abrazaba a Airis con afecto antes de subir a la carroza tirada por pegasos que Adiel los había preparado.

—El honor ha sido mío. Nunca pensé que te vería casarte con un elfo. —Rio ella.

—Buen viaje, querida hija, nosotros nos encargaremos de los niños en vuestra ausencia —dijo Adiel sonriendo mientras le acariciaba la mejilla con delicadeza. Luego miró a Tarian y añadió—: Atesórala, ¿me oyes? Como me entere de que la haces llorar, te las verás conmigo.

—Descuide, pienso hacerla la más feliz del universo. A mi lado no derramará ni una sola lágrima. —Rio Tarian para después besarle gentilmente el dorso de la mano.

El elfo se despidió con la mano de sus tres hijastros mientras les brindaba una cálida sonrisa antes de poner en marcha la carroza y perderse en el horizonte.

Tarian y Nieliah
Partimos al abrigo de la noche con la luna como cómplice, hacia nuevas tierras de paisajes

de ensueño, donde la quietud y la calma llenaban el ambiente, silencioso, aunque con el cantar de grillos y el ulular de los búhos, que protegían nuestro viaje mostrándonos la verdadera naturaleza de aquel lugar.

Numerosas luciérnagas de colores nos dieron la bienvenida a una pequeña aldea donde los duendes cantaban cantares de gesta y poesía medieval, tratando de impresionar a las damas que tenían cerca, quienes bailaban alrededor de una hoguera mientras tocaban instrumentos antiguos de hermoso sonido.

Una de ellas se acercó a nosotros y acarició a varios de los caballos antes de preguntarnos:

—¿Os puedo servir en algo?

—¿Sería tan amable de indicarnos la ubicación de la posada más próxima, por favor? —respondí con voz calmada mientras mi amada le dedicaba una sonrisa tímida.

—¡Sin duda! Si atravesáis la aldea, llegaréis a un claro donde se encuentra la mejor posada de estas tierras. Que paséis una buena noche, gracias por la visita.

Ambos asentimos con la cabeza y seguimos las indicaciones hasta llegar a la posada. Tras pagar nuestra estancia y pedir una cena ligera, subimos al piso superior y nos adentramos en la habitación que se nos había asignado.

Las flores inundaban la habitación, desprendiendo un aroma dulzón que tranquilizaba nuestros sentidos. Por la ventana abierta se vislumbraba el paisaje que nos había acogido, junto con la tenue luz de la luna llena.

Cogí a mi esposa en brazos y la llené de besos antes de tumbarla suavemente sobre la cama doble con dosel y sábanas de terciopelo.

Ella me miró a los ojos y sonrió. Era aquella sonrisa a la que no me podía resistir, aquella sonrisa que aceleraba mi latir.

—No sabes cuánto llevo deseando esto… —le susurré en el oído.

—¿Más del que jamás imaginaste?

—Me has pillado.

La besé con lentitud y suavidad, explorando su boca como si fuera la primera vez, mientras acariciaba sutilmente su espalda sobre el precioso vestido que aún portaba.

Ella, juguetona, deshizo el lazo de mi pelo para después dejar que este cayera suelto sobre mi espalda.

—Nunca creí que fueras capaz de lograr que mi corazón se acelerase de esta forma. Gracias por no rendirte, y por haberme tomado como esposa.

—Te dije que lo conseguiría, si me dejabas intentarlo. Me siento muy afortunado de tenerte.

Nieliah me acarició el rostro con una mano mientras con la otra jugaba con mi cabello. Su tacto era tan dulce que no pude reprimir que un escalofrío de placer me recorriera todo el cuerpo.

—¿No tienes calor, amor mío? —preguntó seductora.

Sonreí con timidez y asentí despacio. Era la primera vez que veía esa faceta suya, y me volvía irremediablemente loco, haciendo que el amor que sentía por ella se incrementara.

Ella hizo que me incorporara y empezó a quitarme la ropa con delicadeza y ternura, prenda por prenda, mientras admiraba mi cuerpo por primera vez, dejando pequeños besos sobre mi piel a medida que descendía, como si fuese una danza lenta en la que solo estábamos nosotros dos.

Cerré los ojos mientras sentía sus caricias y su aliento sobre mi piel, saboreando cada instante como si del último se tratase, y acaricié sus manos en cuanto terminaron su tarea, volviendo a descansar ahora sobre mi pecho.

Me acomodé sobre la cama y le levanté el mentón con delicadeza para perderme en sus preciosos ojos grises y acercar tímidamente mis labios a los suyos de nuevo para fundirnos en un beso dulce y apasionado mientras mi mano acariciaba su mandíbula para poco después bajar a su cuello.

Las pulsaciones de Nieliah aumentaron y su respiración era cada vez más entrecortada.

Sus dedos se habían perdido en mi pelo, haciéndome cosquillas en la piel mientras descendían por mi espalda.

Minutos después, ella se separó levemente de mí rompiendo el beso y me miró profundamente a los ojos mientras tratábamos de recobrar el aliento.

—Sabes que no haré nada que tú no quieras —le susurré cuando vi un atisbo de miedo en su mirada.

—Sí que quiero, pero no me atrevo —dijo ella tímidamente mientras se mordía el labio inferior con la mirada baja.

—Entonces, déjate llevar, amor mío. Yo te guiaré. ¿Me permites?

—Adelante.

La desnudé con ternura, como si fuese de cristal y fuese a romperse entre mis dedos, acariciando suavemente todas sus curvas mientras mi tacto memorizaba su cuerpo, digno de una diosa, acompañando con besos cada milímetro de su piel.

Nos perdimos el uno en el otro mientras nos convertíamos en uno, bendecidos por la luna, que selló nuestro destino el mismo día en el que cruzamos caminos.

Antes de que me diese cuenta, todo cobró sentido: el destino nos había unido por una razón, para sanar nuestras heridas y volver a recuperar la ilusión. Ahora ella era mi vida, mi amanecer, mi luz, mi musa… Ahora tenía un lugar al que llamar hogar, una familia a la que atesorar.

Nueve meses después, el milagro de la vida ocurriría, pues al alba nacería un ser de luz que todo iluminaría:

Una hermosa niña de piel rosada, ojos amatista y cabello rubio miel vendría a recordarnos el significado de la felicidad absoluta, tan calmada y tranquila como el murmullo del agua, risueña y pacífica como ninguna. Tan mágica, mística y perfecta como la madre que le dio la vida. Su nombre: Naëlys.

Kaiaria y Berai

Dos años después del matrimonio de Nieliah y Tarian, me armé de valor para seguir sus pasos y una mañana de invierno, con la ayuda de la princesa, preparé un desayuno sorpresa para Berai, quien todavía dormía y se lo llevé a la habitación.

Lo desperté con ternura mientras acariciaba su alborotado cabello. Él abrió los ojos despacio y me sonrió con timidez mientras trataba de acercarme hacia él.

—Buenos días, rayito de sol. Te he traído un desayuno especial hoy, espero que te guste —le dije con dulzura.

—¿Y eso por qué, florecilla? ¿Celebramos algo? —respondió él mientras se frotaba los ojos y se incorporaba despacio.

—Más o menos… Es que como siempre entrenas tan duro, pensé que te merecías algo especial como recompensa. Por cierto, cuando acabes de desayunar, tengo algo importante que pedirte.

—Ah, ¿sí? ¿Y no puedes pedírmelo ahora? —dijo él, divertido, mientras observaba la bandeja, llena de su comida favorita.

—Primero come, que se enfría. —Reí.

—Como digas. Gracias, florecilla.

Lo observé disfrutar de la comida sentada a su lado mientras me tomaba una taza de té. Era tan gratificante verlo así de feliz… Sentía que todo el esfuerzo en la preparación había merecido totalmente la pena. Solo con verlo sonreír, mi mundo entero cobraba sentido, brillando bajo una nueva luz.

Berai terminó con el contenido de la bandeja y se acercó despacio a mí para abrazarme con delicadeza y dejar pequeños mordiscos en mi cuello.

—Gracias por el desayuno. Cocinas como nadie. ¿Qué era eso tan importante que tenías que pedirme?

—Me alegro de que te haya gustado tanto. Algo que espero que te haga muy feliz. ¿Puedes cerrar los ojos y darme la mano?

Berai accedió, visiblemente atraído por la curiosidad y me dio la mano mientras cerraba los ojos.

Tras inspirar profundo, saqué un anillo de compromiso de plata con nuestras iniciales y el grabado de un pequeño fénix y se lo puse en el dedo anular.

—Abre los ojos.

Berai obedeció y se quedó observándose la mano en estado de *shock*, mientras lágrimas caían por sus mejillas y una amplia sonrisa se adueñaba de sus labios.

—¿Me harías el honor de ser mi esposo? —pregunté tímidamente.

—¿Esto es real? Casi parece que sigo soñando… Sí quiero. Te amo.

—Te aseguro que es real. Yo también te amo. Me acabas de hacer la más feliz del mundo.

Ambos nos fundimos en un tierno beso mientras Nieliah observaba la escena desde el pasillo con una sonrisa.

Con su ayuda, logramos obtener la bendición de Kithie y Seniel y entre toda la familia logramos organizar nuestra boda soñada. Fue más sencilla y tranquila que la de Nieliah, pero aun así fue un día mágico para Berai y para mí.

Se celebró en una pequeña capilla rodeada de almendros en flor y solo asistió la familia de Berai, ya que la mía no quiso. Pero nos enviaron regalos de compromiso y tarjetas de felicitación junto con un precioso ramo de orquídeas.

Saelia y su madre me ayudaron a elegir vestido y se ocuparon del peinado y el maquillaje: Recogieron mi cabello en un precioso moño alto que Saelia adornó con una corona de flores mientras Nieliah se encargaba de hacerme un maquillaje sencillo pero muy elegante en tonos tierra y rosas en los ojos con un delineado grueso y un brillo labial.

El vestido era de color marfil con corte sirena, escote corazón y hombros descubiertos e iba acompañado de un largo velo de encaje.

Berai vistió un traje gris claro con chaleco y pajarita en blanco. Llevaba el cabello engominado hacia atrás y caminaba con paso decidido y seguro. Jamás lo había visto tan apuesto y radiante.

Kithie me acompañó al altar mientras Berai esperaba sonriente mi llegada junto a Seniel.

La ceremonia fue muy emotiva para mis suegros, quienes no pudieron contener las lágrimas al ver a su hijo mayor tomar las riendas de su vida.

Ambos recibimos felicitaciones y abrazos de todos los asistentes, pero sin duda, los que más felices estaban eran los pequeños de Tarian y Nieliah, quienes adoraban a su tío y nos llenaron de halagos, buenos deseos y regalos de todo tipo.

Al terminar la ceremonia, nos despedimos de los invitados y volvimos a casa, donde pasamos la noche de bodas más maravillosa e íntima que jamás pude haber imaginado para, semanas después, embarcarnos en un viaje de luna de miel por todos los mundos donde descubriría que estaba embarazada.

Una noche de luna llena di a luz a un precioso niño en Faerya junto a Berai y una de sus amigas de infancia, que residía allí y ejercía como matrona.

Era calcado a su padre y me hizo la madre más feliz del mundo. Berai no pudo contener las lágrimas y tras darme un beso, salió para dejarme descansar. Su amiga se quedó conmigo dándome consejos y recomendaciones.

—¿Cómo se llama el principito? —preguntó ella mientras nos miraba enternecida.

—Valial Darkflame.

Sin embargo, un agudo grito proveniente del exterior destrozó la calma del momento, haciendo que la matrona saliera precipitadamente al exterior, mientras me decía con voz firme:

—No salgáis de aquí.

Me quedé tumbada en la cama con el pequeño Valial en brazos, asustada, inquieta y con un mal presentimiento oprimiéndome el corazón. Ahora solo quedaba esperar.

La matrona volvió media hora después con las manos manchadas de sangre y el cuerpo inerte de mi esposo.

Me explicó que había sido asesinado por un duende de la corte de la reina de las hadas, que había dejado caer un medallón antiguo de bronce con piedras preciosas incrustadas en él formando el emblema de la corte real de Faerya. Junto al medallón había una carta sin destinatario ni remitente.

—Xovius… ¡Maldito sea! —mascullé llena de ira mientras retenía las lágrimas.

Abrí la carta con rabia, rompiendo el sobre en mil pedazos y cortándome en el proceso. La matrona intentó calmarme y curarme el corte, pero no me dejé.

Con la sangre brotando de mi mano temblorosa, desdoblé el papel con la mano sana y leí en silencio, mientras sentía que la ira me nublaba la razón:

«La estirpe Darkflame pronto será exterminada, es solo cuestión de tiempo que paguen por sus atrocidades. Pobre de aquel que ose entrometerse, pues sufrirá su mismo destino.

¡Ha llegado la hora de alzarnos con la victoria y reclamar el territorio que los Darkflame nos arrebataron!

Tu venganza será cumplida y podrás descansar en paz.

¡Larga vida al rey Noran!».

Guardé la carta en el sobre y con la ayuda de la matrona volví a casa para alertar a Kithie y los demás, dando sepultura a Berai en su lugar favorito.

Toda la familia lloramos su pérdida y juramos vengarlo y proteger su legado.

Zoren y sus amigos acudieron al funeral y se ofrecieron para combatir.

Una guerra entre duendes y demonios acababa de estallar.

XIII
Nuevas alianzas

Zoren

La tensión y la tristeza se adueñaron del ambiente en los días siguientes a la pérdida de Berai. La familia estaba más unida que nunca, dispuestos a luchar para defender a los suyos.

Mi aprecio por Nieliah y los suyos me impulsó a combatir para vengar la muerte de Berai.

Fui a la batalla con Seniel y Kithie, dejando a Haein y los niños junto a Kaelwe, Nieliah y Tarian.

Los duendes venían cargados con todo su arsenal y estaban respaldados por la reina de las hadas y su Corte, lo que nos pareció extraño y nos hizo ponernos en alerta al instante.

La guerra duró casi tres años, en los cuales perdimos a Seniel y a Kithie en una emboscada sorpresa junto con otros de nuestros compañeros.

Llenos de rabia, ira, odio y deseo de venganza, los que quedábamos vivos masacramos a todos los duendes, incluyendo a Xovius, toda la corte de la reina de las hadas y a la propia reina, dejando el trono de las hadas vacío y el castillo desierto.

La relación entre demonios y duendes jamás volvería a ser la misma tras la guerra, quedando ambos bandos enemistados para siempre.

Volví a casa malherido, sin un brazo y ciego de mi ojo bueno, pero al menos estaba vivo y podía volver a abrazar a los míos.

Nieliah, mi mujer y mis hijos vinieron corriendo a recibirme con lágrimas en los ojos y me abrazaron con fuerza, felices de verme de vuelta.

Abracé con ternura a mis hijos, quienes se escondían tímidamente detrás de su madre sin saber quién era ni lo que sucedía. Sonreí con ternura a Nieliah, quien esperaba pacientemente un poco alejada de nosotros con su hija biológica en brazos y me acerqué a ella tras besar apasionadamente a mi amada.

—¡Cómo me alegro de volver a verte! Pensábamos que no regresaría nadie vivo de la guerra… Es un milagro del cielo tenerte de vuelta, Zoren. Mi padre y Kithie no han vuelto, ¿verdad? —dijo Nieliah llorando.

—No, lo siento. De nuestro escuadrón solo quedamos vivos Zel y yo. Siento muchísimo que tengas que enfrentarte a esto de nuevo, quiero que sepas que nos tendrás siempre contigo, a mí, a mi esposa y a mis hijos. Nunca te dejaré sola. Por cierto, puedes vivir tranquila: Xovius, la reina de las hadas y su corte están todos muertos junto con cientos de duendes más.

—Gracias, Zoren. No sabes cuánto significa para mí tenerte en mi vida… ¿Conocías ya a Naëlys?

—La vi recién nacida, justo antes de ir a la guerra. Está preciosa, es clavada a ti. Qué suerte tiene Tarian… —con esa última frase logré hacerla reír a carcajadas, y me pareció el sonido más bello del universo. Nunca la había oído reírse así.

Tras reencontrarme también con Tarian y Kaelwe, mi familia y yo volvimos a Phyrae, donde descubrimos gracias a Zel y Reyah que Alne había renunciado a su puesto de cuidadora e institutriz de Nyeoni después de una serie de misteriosos acontecimientos en la Corte élfica y se había marchado para siempre. Ahora la pequeña estaba bajo el cuidado de su abuela, Nieliah, Tarian y Selia.

Después de aquella noticia, nos revelaron que estaban comprometidos.

Tarian

Durante la ausencia de Zoren, Seniel y Kithie, estuve ayudando a Adiel y Airis a conseguir la alianza con otros elfos, muchos de los cuales eran muy conocidos y respetados en nuestro mundo, y además conseguimos el apoyo directo de la reina y su Corte, lo que nos facilitó mucho el proceso y allanó el camino para las negociaciones.

Cuando al fin conseguimos establecer las alianzas de forma exitosa, lo cual nos llevó año y medio, Nieliah y nuestros nuevos aliados fueron llamados para comparecer ante la reina, quien organizaba una celebración en el castillo para conmemorar el logro.

En dicha celebración se hicieron las presentaciones formales de los aliados a mi amada esposa y le juraron lealtad y apoyo incondicionales y sempiternos.

Al terminar la celebración, ya era noche cerrada y uno de los aliados más jóvenes, Varym, se ofreció para escoltar a Nieliah hasta casa, mostrándome sus respetos y lealtad a mí también antes de marcharse.

—No ha sido como me esperaba… —dijo Nieliah a quien súbitamente se le quebró la voz poco después de la partida del joven elfo.

—¿Por qué lo dices?

—Porque es todo muy surrealista… no sé si puedo confiar en ellos, ya he sufrido traiciones antes y no soportaría que la historia se repitiese.

—Tranquila, amor, yo mismo les vigilaré de cerca y tomaré acción en caso de ser necesario. Pero necesito que de momento confíes en ellos, esta alianza es importante, y nos ha costado mucho conseguirla.

—¿Podrías explicarme el motivo de su importancia, por favor? Necesito entenderos.

—En nuestro reino no ha habido presencia angélica desde la pérdida de nuestra princesa, quien tenía sangre mezclada. Su madre, como sabes, es una elfa; pero su padre era un ángel. Se llamaba Keos y pertenecía a un antiguo linaje muy poderoso, que hoy en día está ya extinto: la dinastía Hexia, la cual estaba estrechamente ligada a la dinastía Aekya, pues eran primos hermanos y tenían una relación muy cercana. Por eso ahora es necesario tener esa alianza, porque eres la princesa elegida y además eres descendiente directa de la antigua princesa heredera de Aekya.

—Espera un segundo… ¿Keos era mi tío? Y… ¿Por qué no es Airis la heredera de Aekya si es la primogénita? No entiendo nada…

—Adiel no quiere que Airis sea la heredera directa, y al parecer, la propia Airis tampoco quiere serlo. Parece ser que no están muy cómodos con tener una responsabilidad tan grande y prefieren vivir una vida sencilla, alejados del ojo público. Además, Airis piensa que fue criada por y para instruir a otros, enseñándoles a proteger su propio legado. De hecho, es algo que ya hizo contigo, ¿recuerdas?

—Cierto, me dio la educación propia de alguien de la realeza. Pero nunca pensé que realmente formara parte de esta, puesto que nunca me habló de madre ni de la dinastía Aekya… Crecí siendo una niña más, una niña rica, sí, pero una niña más, al fin y al cabo.

—Creo que lo hizo porque a vuestra madre no le gustaba la vida como princesa heredera de una dinastía que, además, estaba condenada a extinguirse. Por ello os apartó a ambas de ese ambiente y os hizo educar y criar como si fuerais plebeyas acomodadas. Es mi humilde opinión, pero puedes contrastarla con Adiel y Airis, si quieres.

—¿Cómo es que tienes toda esa información?

—Porque yo también pertenezco a la nobleza y me obligaban a estudiar a las grandes familias reales de todos los mundos cuando era pequeño. Y esas dos dinastías me llamaron especialmente la atención por su historia y longevidad.

—¿Entonces Adiel también pertenecería a la realeza élfica?

—No. Él es plebeyo, lo que pasa es que fue abandonado por su familia y terminó siendo criado y educado por duques, que tenían relación cercana con tu dinastía, pudiendo crecer así junto a tu madre y posteriormente, se concertó un matrimonio entre ellos. Según parece, fue obra de tu abuela materna, la difunta reina Eleriäl, para proteger la felicidad y bienestar de tu madre a la par que cedía parte de los dominios familiares al ducado, que posteriormente pasaría a estar en manos de Adiel, quien ha protegido y preservado dichos territorios hasta ahora.

—¡Cuánta información de golpe…!

—Lo sé, mi amor. Tranquila, hay tiempo para que lo asimiles todo, no te presiones.

—En resumen, que soy la heredera de una dinastía que ya no existe. Por lo tanto, supongo que tendré que revivirla… ¡Qué complicado lo veo!

—Te olvidas de dos dinastías más, amor mío.

—¿Cuáles?

—Hizen y Jadeblaze.

—¡Ostras, es verdad, no había caído! ¡Perdón!

—Tranquila. —Reí.

—¿Pero entonces no sería heredera de Jadeblaze? Esto es muy lioso…

—Técnicamente lo eres, pues lo más común aquí en Elynd es que al casarse las mujeres adopten el apellido del marido. Pero tú puedes elegir.

—Lo hablaré con Kaelwe, Airis y Selia. Porque si no recuerdo mal, Selia es el príncipe heredero de Lumia, Kaelwe es una Hizen y Airis es una Faynea.

—Como desees, pero no quiero que te sientas presionada a hacer algo que no quieres. Es tu decisión y decidas lo que decidas, lo aceptaré y te apoyaré.

—Gracias, mi vida. No sé qué haría sin ti, eres mi milagro.

Ambos intercambiamos una sonrisa y la besé con ternura en la frente mientras la abrazaba con delicadeza, acunándola contra mi pecho.

Aquella noche, Nieliah deambuló por la casa, pensativa e inquieta. La ansiedad y la preocupación le impidieron dormir, por lo que prefirió pasear y oler las fragancias de las flores que rodeaban nuestra casa. Yo la observé desde la distancia, respetando su tiempo a solas, aunque compartía su desasosiego.

Bien entrada la mañana, preparamos el desayuno junto a Saelia, quien como de costumbre, se levantaba junto a los primeros rayos del alba para meditar e iniciar su rutina matutina de autocuidado que, cuando finalizaba, le proporcionaba la energía necesaria para afrontar las diligencias diarias.

—Hoy parecéis cansados, ¿ha pasado algo? Normalmente soléis ser los que más energía tenéis en toda la casa —dijo Saelia preocupada mientras batía los huevos para hacerles crepes a sus hermanos.

—Estoy inquieta, tesoro. Me preocupa no estar a la altura del legado familiar.

—¿Es sobre las dinastías? La tía Airis me comentó algo muy por encima el otro día.

—Exacto. Estoy en un buen dilema: No sé si revivir la dinastía Aekya, ayudar a Kaelwe con la representación de la Hizen o quedarme como regente de la Jadeblaze.

—Podrías unificar las tres. Seguro que a los abuelos les haría mucha ilusión que sus dinastías fueran una sola, y que fueras tú la regente. Y la de papá ya ni te cuento.

Reí alegremente al escucharla y miré con amor a su madre, quien buscaba mi reacción, y suspiró aliviada en cuanto me oyó. Le acaricié el hombro con delicadeza mientras depositaba un beso en su coronilla, intentando infundirle ánimos.

—Sinceramente, mamá, yo te veo como reina. Creo que podrías conseguir algo muy grande unificando las dinastías. Y, además, me gustaría llegar a ser como tú algún día. Eres el mejor modelo femenino que tengo, y estoy muy orgullosa de ser tu hija, y de tenerte como madre.

—Amor mío, Saelia tiene razón. Serás una excelente reina, no he visto a nadie con unas dotes de liderazgo como las tuyas y creo que alguien con tus habilidades nos hace muchísima falta. Pero, por supuesto, la decisión final es tuya.

—Muchísimas gracias, a los dos. Lo de unificar las dinastías es una buena idea, pero me gustaría saber la opinión de Kaelwe al respecto. Me siento muy afortunada de tener una familia como la nuestra. Gracias por creer en mí —dijo Nieliah rompiendo en llanto, conmovida mientras nos fundíamos los tres en un largo y cálido abrazo.

XIV
Sacrificio en hidiex

Tres semanas después, Nieliah recibió un aviso de palacio, la reina reclamaba su presencia imperiosamente.

La princesa acudió a su llamada con una inquietante sensación en el pecho y un millón de preguntas invadiendo su mente, como huracanes que arrasaban todo a su paso, acrecentando su ansiedad.

—Bienvenida, querida. Gracias por acudir tan rápido —dijo la reina, su rostro estaba apagado, sus ojos presentaban un brillo triste y unas marcadas ojeras.

—¿Qué ha pasado, abuela?

—Selia se ha marchado sin despedirse, no sabemos dónde está, y su hija pregunta constantemente qué pasa. Somos incapaces de darle una respuesta.

—Normalmente cuando se va así, suele dejar una nota. ¿Habéis encontrado algo?

—No nos deja entrar en sus aposentos. Nadie del castillo tiene permiso, y parece que, además, ha envuelto la estancia con un potente escudo mágico que ninguno de nosotros puede deshacer… no sé dónde ha aprendido a usar magia tan potente. Te lo ruego, Nieliah, ayúdanos a encontrar respuestas.

—Tranquila, voy a investigar. Si encuentro algo, serás la primera en saberlo. ¿Dónde está Nyeoni?

—Estaba con algunas doncellas cerca de la fuente del patio trasero.

—Gracias. Con permiso, me retiro.

Nieliah se dirigió al patio trasero tras hacer una reverencia a la reina y encontró a Nyeoni jugando con las doncellas mientras reían.

La joven elfa corrió hacia ella y ambas se fundieron en un tierno abrazo.

—¿Cómo estás? —preguntó Nieliah.

—Estoy intentando no pensar.

—¿Me cuentas qué ha pasado, cielo?

—Papá ha venido a mi habitación y me ha dado esto —dijo ella tendiéndole un sobre.

—¿Puedo leerla?

Nieony asintió con la cabeza.

La carta decía así:

Querida Nyeoni:

Lamento mucho no poder quedarme con vosotros más tiempo, mas mi hora ha llegado antes de lo esperado. He cometido un error imperdonable y debo pagar con mi vida como castigo.

Irine está con Niriax en el cielo y yo pronto estaré con ellas.

Ahora estarás con Nieliah, ella te cuidará mejor de lo que Alne, Irine o yo fuimos capaces.

Te quiero, princesa. Que la felicidad siempre te acompañe.

Selia

Nieliah rompió a llorar al percatarse de que la carta estaba escrita con sangre y además estaba sellada con el emblema de Faerya.

—Quien te ha dado la carta no era papá, tesoro. Era Airis. Papá estará en el cielo pronto.

—¿Qué ha hecho para estar ahí, mamá?

—No lo sé.

—Muy bueno no sería.

—Conmigo sí lo fue.

—¿Qué piensas de Tarian y Berai, mami?

—Son dos hombres maravillosos que intentan proteger a los suyos a toda costa. Algo por lo que deberíamos de estarles agradecidos.

—¿Y de Zoren?

—Zoren es muy cariñoso y leal. Lleva conmigo desde siempre, tuvimos que separarnos en la Bendición Astral, pero yo aún sigo queriéndole y creo mucho en él.

—A mí me cae muy bien Zoren.

—¿Quieres que vayamos dentro y te ayudo a cambiarte, princesa?

—¡Vale!

Después de cambiarla y peinarla, ambas fueron a informar a la reina de lo acontecido. Tras escuchar su testimonio, la monarca se retiró a sus aposentos hecha un mar de lágrimas.

Nieony miró preocupada a Nieliah, quien luchaba por no romper a llorar y que, además, le dio un cálido y reconfortante abrazo.

—Si estamos juntas, estaremos bien. No llores, mamá.

—Tienes razón, tesoro. Gracias.

—Me pregunto dónde estará papá ahora…

—Algo me dice que está en un lugar de difícil acceso.

—¿Cómo Hidiex, por ejemplo?

Nieliah palideció, Nieony podía ver el futuro, o parte de él, y la sola mención de Hidiex la hizo estremecer.

—Es una posibilidad, sí. Pero es un lugar muy peligroso, quienes van ya no regresan nunca.

—Da un poco de miedo visto así… Yo no quiero ir.

—Yo tampoco.

Y en ese preciso instante, ambas tuvieron la corazonada de que algo iba a cambiar para siempre. Esa misma tarde Xyrion las visitó y les entregó su espada sagrada para después marcharse a reconstruir Etraia y Phyrae con su hermana.

Para Nieliah y su familia eso fue un triunfo absoluto y vivieron felices para siempre.

Mientras tanto, en Hidiex

Una gélida brisa azotaba sin piedad cada rincón de aquella extraña y remota dimensión, en donde los prisioneros vagaban sin rumbo, carentes de esperanzas, recuerdos y motivación.

—¿Por qué estás aquí, Selia? —preguntó Auriel con su aterciopelada voz mientras en sus ojos asomaba la preocupación.

—Me envía Nieliah, vengo a rescataros. Ya he hablado con los centinelas de Hidiex, me quedo por vosotros.

—¿Te estás muriendo, verdad? —dijo Kadniel con tristeza.

—Así es, no me queda mucho.

—¿Qué debemos hacer?

—Matadme y entregadle mi cuerpo a los Jinyax, así abriréis un portal que os sacará de Hidiex.

—De acuerdo.

Auriel creó un escudo protector alrededor de Kadniel y procedió a congelar a Selia sin saber que ella también moriría puesto que sus almas estaban entrelazadas desde la Bendición Astral.

Tras presenciar la muerte de sus compañeros, Kadniel entregó sus almas a los centinelas y arrojó los cuerpos al vacío.

—Puedes abandonar Hidiex, joven guerrero. Vuelve con los tuyos.

—Gracias —dijo él con la mirada baja.

A continuación, se abrió un portal ante sus ojos y cuando lo atravesó, apareció en el mundo de las hadas y se sorprendió al ver el castillo desierto.

Viajó a los mundos vecinos en busca de información, hasta que dio con Reyah en Phyrae y ella le explicó lo sucedido.

Tras escuchar su historia, Kadniel viajó hasta Elynd en busca de Nieliah a quien encontraría tres meses después.

La travesía fue complicada, pero mereció la pena solo por el hecho de volver a verla.

Nieliah le presentó a Tarian, a Nyeoni y a Naëlys, quienes lo recibieron con recelo por haber estado en Hidiex y terminó por marcharse en solitario a una aldea apartada de Elynd y vivió feliz para siempre.

XV
El pasado de Lirea

Lirea Iridian fue una princesa nacida en Kaselya, pero criada en Ikarya.

Tenía el cabello rubio miel y los ojos color azul marino. Su belleza embelesaba a todo aquel que llegaba a conocerla y su carácter tranquilo y dulce hacían de ella la compañera perfecta. También poseía un fuerte sentido de la justicia.

Era la primogénita de su familia y no tenía hermanos; perdió a su padre cuando aún era una infanta, pero creció feliz con el amor de su madre, la reina Tisea.

Tuvo una educación exquisita y logró dominar todas las artes bélicas, así como las artes de defensa y sanación, el canto y la danza.

Así, cuando el príncipe Xyrion le exigió que se uniera a él para conquistar las tierras de su hermana menor Enya, ella aceptó de inmediato porque sabía

199

que, si no obedecía, su familia correría un grave peligro y se desplazó a caballo hasta el castillo Lyande, donde residía su amiga.

La batalla duró 15 días y 15 noches y los dos bandos se emplearon a fondo, pues ninguno de los bandos aceptaba la idea de la derrota. Lirea jugó un papel clave en la batalla, pues en secreto se alió con Enya y lanzó un hechizo protector en su pequeño ejército tras hacer un pacto con ella: Lirea la protegería junto con su soldado más preciado y mataría a los demás para no ser descubierta por Xyrion.

Tras la batalla, curó a los hermanos y los animó a que hicieran un tratado de paz después de enfrentarse personalmente con el mayor para hacerle entrar en razón. A continuación, Enya, Seniel y Lirea incineraron los cuerpos inertes de sus compañeros y luego, Seniel y ella decidieron aliarse y viajar por Etraia para restaurarla debido a que las ansias de conquista de Xyrion la habían dejado patas arriba.

Durante su viaje, Lirea y Seniel conocieron a un joven ángel llamada Airis, quien era increíblemente poderosa y se ofreció a acompañarlos y proteger a la pareja, que se había casado hacía tres meses y ahora Lirea esperaba descendencia.

Pero de pronto, una mañana los tres fueron atacados por una elfa de la edad de Airis, castaña y cuyo largo cabello se recogía en una gruesa trenza; de rostro ovalado y facciones suaves; sus ojos rasgados eran verdes como el jade, su nariz pequeña y fina y labios delgados que dibujaban una sonrisa traviesa; de figura esbelta, vestía una blusa verde bosque de manga larga, una capa negra, vaqueros negros de cintura alta ceñidos y unas botas negras; iba armada con una espada de hierro y un arco.

Airis trató de hacerle frente, pero la elfa era demasiado fuerte. Por ello, tras numerosos ataques fallidos, los tres se internaron en el bosque, huyendo de su adversaria.

Un día llegaron a un santuario y Seniel se vio obligado a dejar atrás a sus compañeras. Poco después, Airis se marchó a Croney por petición de Lirea y ella se dirigió a una aldea mejor protegida tras recibir de la guardiana el colgante sagrado para protegerla.